100 Dinge, die das Leben leichter machen

100 Dinge, die das Leben leichter machen

JOYCE MEYER

This edition published and arranged with
FaithWords Hachette Book Group, New York, USA
Originally published in English under the title
100 ways to Simplify your Life by Joyce Meyer

Joyce Meyer Ministries GmbH
Postfach 76 10 01
22060 Hamburg
www.joyce-meyer.de
Tel: +49 (0) 40 / 88 88 4 11 11

ISBN 978-3-939627-19-7

Bestellungen bitte an die oben stehende Adresse richten

1. Auflage, April 2009

Alle Bibelzitate wurden, wenn nicht anderweitig gekennzeichnet, folgender Bibelausgabe entnommen: *Neues Leben. Die Bibel.* © Copyright der deutschen Ausgabe 2002 und 2006, SCM Hänssler, D-71087 Holzgerlingen.

Sonstige verwendete Bibelausgaben:
Revidierte Elberfelder Bibel, 1985, 1992 SCM R.Brockhaus, Wuppertal (mit ELB gekennzeichnet)
Hoffnung für alle, 1986, 1996, 2002 International Bible Society; Übersetzung, Herausgeber und Verlag: Brunnen Verlag, Basel und Gießen, (mit HFA gekennzeichnet)
Einheitsübersetzung der Heiligen Schrift, 1980 Katholische Bibelanstalt, Stuttgart (mit EU gekennzeichnet)
Gute Nachricht Bibel, durchgesehener Nachdruck 1997, © 1997 Deutsche Bibelgesellschaft, Stuttgart (mit GNB gekennzeichnet)

Ergänzungen der Bibelzitate in eckigen Klammern sind direkt aus der englischen, im Original verwendeten *Amplified Bible* übersetzt. *The Amplified® Bible.* Copyright © 1954, 1962, 1965, 1987 by The Lockman Foundation.

Übersetzung: Elke Wiemer
Lektorat: Ute Mayer
Umschlag: Andreas Zehnder
Satz: Satz & Medien Wieser, Stolberg
Druck: Printed in Germany

Inhalt

Einleitung

Jeder von uns kennt sie: diese Tage, an denen man scheinbar überhaupt nichts erledigt bekommt und die ohnehin schon lange Aufgaben-Liste noch länger wird. Sind Sie oft müde? Fühlen Sie sich erschöpft? Sehnen Sie sich danach, dass alles endlich besser wird - einfacher? Zu viele Dinge verlangen unsere doch nur begrenzte Aufmerksamkeit, Kraft und Zeit. Bevor man es merkt, wird man beinahe erdrückt. Wenn es Ihnen so geht, dann sind Sie in bester Gesellschaft.

Die meisten Menschen in unserer heutigen Zeit empfinden ihr Leben als kompliziert und sind frustriert, verwirrt, gestresst und erschöpft. Aber es gibt eine gute Nachricht: Das muss nicht so bleiben. Sie können sich für ein einfaches, erfülltes, friedvolles und frohes Leben entscheiden. Ich muss Sie allerdings warnen - wenn Sie nicht fest entschlossen sind, werden Sie so leben, wie alle anderen. Sie werden in die Falle tappen und sich Ihr Leben lang wünschen, dass alles anders wäre. Dabei sind Sie die einzige Person, die wirklich etwas verändern kann. Wenn wir uns allerdings nicht ernsthaft darum bemühen, sind Komplikationen und Frustration unweigerlich vorprogrammiert.

Ich kann mich noch gut daran erinnern, wie ich Gott die Ohren vollgejammert habe, weil mein Zeitplan der pure Wahnsinn war. Wie konnte man von jemandem ernsthaft all das erwarten, was ich zu tun hatte? Aber dann dämmerte es mir, dass allein ich diejenige war, die diesen Zeitplan aufgestellt hatte, und dass ich die Einzige war, die ihn ändern konnte. Man kann sein Leben damit verbringen, sich zu wünschen, alles wäre anders, aber dieser Wunsch ändert noch gar nichts. Nur kluge Entscheidungen und entschlossenes Handeln verändern etwas. Wenn Sie dieses Buch lesen, weil Sie auf Veränderung hoffen, sind Sie dann auch bereit, Entscheidungen zu treffen und sie in die Tat umzusetzen?

Ich habe Jahre damit verschwendet, darauf zu *hoffen*, dass das Leben irgendwann anders werden und ruhigere Zeiten kommen würden, bis mir klar wurde, dass das Leben selbst sich nicht ändert - im Gegenteil, meist wird es noch schlimmer. Mir wurde klar, dass meine einzige Möglichkeit darin bestand, meine Einstellung zum Leben zu ändern. Ich musste mit der frustrierenden Hetzerei Schluss machen. Ich wollte nicht, dass mir mein Arzt schon wieder ein Rezept für irgendein Medikament gegen irgendwelche Symptome ein- und derselben Ursache gab - nämlich Stress.

Auf der Suche nach einem einfacheren Leben bin ich zu der Überzeugung gelangt, dass das Leben niemals einfach sein wird, wenn wir die Dinge nicht einfacher angehen. Es liegt an meiner Einstellung, mit der ich den Ereignissen in meinem Leben begegne, ob eine Situation einfach oder kompliziert ist. Vielleicht ist das Leben nur so kompliziert, weil wir Menschen kompliziert sind. Wäre es möglich, dass das Leben *überhaupt nicht* so kompliziert ist, sondern dass wir es, durch die Art wie wir es angehen, kompliziert machen?

Ich erkannte, dass nicht das Leben oder die Umstände oder die anderen sich ändern mussten, sondern ich es war, die Veränderung brauchte. Nicht meine Probleme waren das Problem, sondern ich selbst! Wenn man frustriert ist, weil man sein Leben lang versucht, die Welt und die Menschheit zu verändern, wird einem vielleicht niemals bewusst, dass man nur seine eigene Einstellung zum Leben ändern muss. Es kann schnell passieren, dass uns unser ganzes Leben lang nie der Gedanke kommt, dass die Art, wie wir die Dinge angehen, das eigentliche Problem ist.

Ist es Ihnen schon jemals passiert, dass Sie Freunde eingeladen haben und es eigentlich nur ein netter gemeinsamer Nachmittag mit einer Kleinigkeit zu essen sein sollte, sich aber alles irgendwie in einen Albtraum verwandelte? An solche Situationen kann ich mich noch lebhaft erinnern. Ich ging am Sonntag in den Gottesdienst, und ohne lange nachzudenken, lud ich für den kommenden Sonntag drei Ehepaare zum Grillen ein. Dabei hatte ich ursprünglich nur Hamburger und Hotdogs geplant, mit ein paar Dosen roter Bohnen und ein paar Tüten Chips und Eistee. Ich wollte einfach Zeit mit ihnen verbringen und Spaß haben. Aber bis die Gäste dann kamen, wollte ich sie gar nicht mehr sehen. Es machte keinen Spaß mehr zusammen zu sein, zumindest mir nicht. Was war passiert? Aus meinem Plan, einfach Zeit miteinander zu verbringen, wurde ein Vorbereitungs-Marathon mit kostspieligem Essen und vierzehn statt der ursprünglichen sechs Gäste. Durch meine komplizierte Einstellung und meine komplizierten Gedanken, war ich schließlich zu der Überzeugung gelangt, dass Hotdogs und Hamburger nicht gut genug waren. So kaufte ich Steaks, die wir uns eigentlich nicht leisten konnten. Aus den Kartoffelchips wurde eine große Schüssel selbstgemachter Kartoffelsalat. Und aus den roten Bohnen aus der Dose wurden vier verschiedene, aufwendig hergestellte Beilagen.

Aus Unsicherheit und weil ich die anderen beeindrucken wollte, verbrachte ich die ganze Woche damit, das Haus zu putzen, bis ich glaubte, damit glänzen zu können. Da unsere Gartenstühle alt waren, kaufte ich neue. Ich war sauer auf Dave, weil ich fand, dass er mir nicht genug half. Als unsere Freunde dann schließlich vor der Tür standen, wollte ich sie nicht mehr sehen und wünschte mir, sie wären nicht gekommen. Ich verbrachte den ganzen Tag damit, die warmherzige Gastgeberin zu spielen, obwohl ich in Wirklichkeit frustriert und unglücklich war.

Ich kam einfach nicht dahinter, warum ich kaum etwas im Leben wirklich genießen konnte, bis mir Gott zeigte, dass ich mir die Freude selbst nahm, weil ich alles kompliziert machte. Jahrelang betete ich, Gott möge doch die Menschen um mich herum und die Umstände ändern. Dabei wollte er mich und meine Einstellung zum Leben verändern. Er wollte Schlichtheit, um ihn zu ehren.

Deshalb möchte ich Ihnen 100 Dinge zeigen, die Ihr Leben leichter machen, damit Sie mehr Freude haben. Ich bin davon überzeugt, dass Ihre Lebensqualität drastisch steigen wird, wenn Sie diese Dinge im Alltag umzusetzen lernen. Jesus hat gesagt, er ist gekommen, damit wir das Leben in Fülle haben (vgl. Johannes 10,10). Seine Prinzipien sind einfach. Der Glaube ist einfach! Sein Plan zu unserer Rettung ist einfach!

Jesus bietet uns eine neue Art zu leben an. Ich bin davon überzeugt, dass es ein einfaches und dennoch kraftvolles Leben ist, das es uns ermöglicht, jeden Tag mit Freude zu leben. Sind Sie bereit, Ihr Leben einfacher zu gestalten? Sind Sie bereit, sich von den komplizierten Dingen, die Sie in Ihr Leben gelassen haben, loszusagen? Dann los!

1 Eins nach dem anderen tun

»Das Gefühl der Eile kommt für gewöhnlich nicht daher, dass man ein ausgefülltes Leben lebt und keine Zeit hat. Es entsteht vielmehr aus einer vagen Angst heraus, seine Zeit zu vergeuden. Wenn wir das Eine, das wir tun sollten, nicht tun, haben wir keine Zeit für irgendetwas anderes - dann sind wir die meist beschäftigten Menschen der Welt.«

Eric Hoffer, amerikanischer Philosoph

Dies tun wir, indem wir unsere Augen auf Jesus gerichtet halten [und wegschauen von allem, was uns ablenkt], von dem unser Glaube vom Anfang bis zum Ende abhängt [der uns den ersten Anreiz zum Glauben gegeben hat und ihn auch zur Reife und Vollkommenheit bringen wird].

Hebräer 12,2a

Wenn wir uns nicht wirklich auf die Dinge konzentrieren, die wir tun, so tun wir sie mit halber Kraft und erledigen unsere Arbeit nicht wirklich gut. Wenn wir eine Sache tun, aber dabei an eine andere denken, teilen wir unsere Kräfte und die Aufgabe wird umso schwieriger. Es ist wie wenn man Eiweiß und Eigelb trennt - man kann zwar beides auch getrennt verwenden, aber das Ergebnis ist dann nicht so effektiv (oder schmackhaft). Wenn wir dagegen unsere gesamten Fähigkeiten auf die eine Sache konzentrieren, die wir an diesem Tag, zu dieser Stunde und in diesem Moment gerade tun, wird sie viel einfacher. Die Fähigkeit, sich auf eine Sache zu konzentrieren, erlangt man nur durch Disziplin.

Der Apostel Paulus schreibt in Philipper 4,6, dass wir uns um nichts sorgen sollen. Besorgte Menschen leben immer in der Zukunft und nicht dort, wo sie gerade sind. Sie versuchen heute den morgigen Tag zu leben und verlieren dadurch die Einfachheit. Gott erwartet von uns, dass wir ihm für morgen vertrauen, genau wie er es von den Israeliten in der Wüste verlangte, als sie durch das dürre Land zu ihrem verheißenen Land zogen.

Üben Sie sich darin, einen Tag nach dem anderen zu nehmen. Geben Sie sich selbst - Ihre Gedanken, Ihre Gespräche, Ihre Energie, jeden Teil Ihrer selbst - ganz dem Heute hin. Entwickeln Sie die Fähigkeit, sich ganz dem zu widmen, was Sie gerade tun. Dann werden Sie ein neues Bewusstsein verspüren, das es Ihnen ermöglicht, Ihre gegenwärtige Tätigkeit zu genießen, anstatt jeden Tag nur als ein Durcheinander von Aktivitäten und verwirrenden Gedanken zu erleben, das Sie leer und erschöpft zurücklässt.

Haben Sie Angst, dass Sie nicht so viel erledigen können, wenn Sie so leben? Das stimmt vielleicht, aber Sie werden das, was Sie tun *sehr viel mehr genießen*. Ein Schlüssel zur Einfachheit ist die Erkenntnis, dass Qualität viel wichtiger ist als Quantität.

2 Lernen Sie Zufriedenheit

»Zufriedenheit ist nicht die Erfüllung aller Wünsche, sondern die Erkenntnis dessen, wie viel man hat.«

Quelle unbekannt

Hängt euer Herz nicht ans Geld [und andere materielle Dinge] und begnügt euch mit dem, was ihr habt. Denn Gott hat gesagt: »Ich werde dich nie verlassen und dich nicht im Stich lassen.«

Hebräer 13,5

Unsere westliche Wohlstandsgesellschaft hat eine Volkskrankheit hervorgebracht: das Verlangen nach allem, was andere besitzen. Die Menschen wollen immer mehr haben, können aber das, was sie besitzen, nicht genießen. Nur zufriedene Menschen können einfach leben. Sie wollen nicht immer mehr haben, sondern freuen sich an dem, was sie haben und vertrauen darauf, dass sie, wenn es soweit ist, mehr bekommen werden.

Die Welt verspricht uns, dass wir glücklicher sind, wenn wir »mehr« haben. Aber stimmt das? Nein! Denn je mehr wir besitzen, desto größer ist der Aufwand, es zu pflegen und zu erhalten. Wir denken vielleicht, dass »mehr« zu haben unser Leben einfacher machen kann. Aber in Wirklichkeit macht es den Alltag oft nur noch komplizierter. Im zehnten Gebot heißt es, wir sollen nicht begehren, was andere besitzen. In Philipper 4,11 schreibt Paulus, dass er gelernt hat, zufrieden zu sein, ganz gleich in welcher Lage. Dieser Satz hat etwas Tröstliches und zeugt von einem einfachen Lebensstil.

Es ist nicht falsch, Dinge zu besitzen, aber es ist falsch, sie zu begehren. Wenn wir glauben, dass wir ohne eine bestimmte Sache nicht glücklich werden, dann begehren wir sie. Wir sollten uns die Gewohnheit aneignen, bei allem, was wir uns wünschen, zuerst Gott zu fragen und darauf zu vertrauen, dass er es uns geben wird, wenn es richtig ist und der richtige Zeitpunkt dafür gekommen ist. Diese Einstellung wird uns helfen, das Leben zu *genießen*. Unser Leben ist der Weg, nicht das Ziel. Wer das Leben genießen will, muss lernen, diesen Weg zu genießen, auf dem wir oft warten müssen. Letzten Endes werden wir unser Ziel erreichen - und uns dann auf einen neuen Weg machen, zu einem neuen Ziel. Wenn wir also nicht lernen, den Weg zu genießen, werden wir das Leben nie genießen. Entschließen Sie sich, das, was Sie haben, zu genießen. Danken Sie Gott dafür und lernen Sie, zufrieden zu sein.

3 Setzen Sie Gott an die erste Stelle

»Der Mensch hat sein Leben durch Gott, nicht durch seine Gaben, egal wie reichlich sie auch vorhanden sein mögen.«
Henry Alford, britischer Autor und Theologe

Ich will dich segnen [und dich überreich beschenken] und du sollst in der ganzen Welt bekannt sein. Ich will dich zum Segen für andere machen [damit du das Gute weitergibst].
1. Mose 12,2

Schon oft habe ich gelesen, dass man nicht gleichzeitig erfolgreich sein und ein einfaches Leben führen kann. Das verwirrt mich, denn ich glaube, dass es Gottes Wille ist, dass seine Kinder in jedem Lebensbereich erfolgreich sind, auch im finanziellen und materiellen Bereich. In Psalm 35,27 steht, dass Gott seinem Diener mit Freuden zu Hilfe kommt. Ich kenne keine einzige Bibelstelle, die sagt, dass Gott sich freut, wenn die Bedürfnisse seiner Kinder nicht erfüllt werden.

Es stimmt, dass in der Bibel steht, dass es für einen Reichen schwer ist, ins Himmelreich zu kommen (Matthäus 19,23), aber es ist nicht unmöglich. Geld kann uns von Gott und seinem Willen ablenken, aber das muss nicht so sein. Wir sollten keine Angst vor Reichtum haben, sondern lernen, damit richtig umzugehen. Wenn wir die richtige Einstellung gegenüber Geld und materiellem Besitz haben, kann das zum Segen für viele werden.

Bei religiösen Fragen scheint es oft einfacher zu sein, den Menschen beizubringen, auf Dinge zu verzichten, als ihnen beizubringen, Maß zu halten. Ich sehe das anders, denn Gott hat alle Dinge erschaffen und sie uns gegeben, um sie zu genießen. Man kann sich an Reichtum freuen, ohne dass er von Gott ablenkt oder habgierig macht. Wir können reich sein und trotzdem Gott an die erste Stelle in unserem Leben stellen.

Es würde doch keinen Sinn ergeben, wenn ich sagte, ich esse nichts mehr, aus Angst zuviel zu essen. Oder ich schlafe nicht mehr, aus Angst zu lange zu schlafen. Genauso wenig ergibt es Sinn, ein Armutsgelübde abzulegen, damit mir Geld nicht zur Versuchung wird. Noch einmal:

Geld und Besitz sind nicht das Problem. Eine unausgewogene Haltung dem Geld gegenüber kann jedoch zum Problem werden. Ich glaube, dass Gott uns alles geben möchte, solange wir damit umgehen können und er immer noch an erster Stelle in unserem Leben steht.

Wohlstand und Reichtum werden nur dann zum Problem, wenn sie uns besitzen, statt wir sie. Wir sollten unseren Besitz nutzen, um anderen Gutes zu tun - und nicht der Versuchung erliegen, Menschen zu benutzen, um mehr »Besitz« zu erlangen. Geld wird nur zum Problem, wenn wir es horten. Die Bibel behauptet nirgends, dass Geld ein Problem ist. Sie sagt, dass die Liebe zum Geld das Problem ist. Lernen Sie, ein Kanal zu sein, kein Auffangbecken. Lassen Sie es zu, dass der Segen zu Ihnen und durch Sie hindurch fließt. Gott hat Abram verheißen, dass er ihn segnen und ihn zu einem Segen für alle Menschen machen würde (1. Mose 12,2).

Wenn wir geben, freuen sich nicht nur die anderen, sondern es wird auch für uns zur Freude. Je mehr man gibt, desto glücklicher wird man. Je mehr man gibt, desto mehr *bekommt* man auch zum Geben, denn Gott hält Ausschau nach Menschen, denen er Geld anvertrauen kann. Er hält Ausschau nach Menschen, die Geld besitzen können, ohne habgierig und egoistisch zu werden. Die wichtigste Frage, die wir uns immer wieder stellen sollten, lautet: »Was für eine Einstellung habe ich zu Geld und Besitz?« Steht Gott oder das Geld an erster Stelle in Ihrem Leben?

Ich habe gemerkt, dass ich niemals zuviel von irgendetwas besitze, wenn ich mich von Gottes Geist leiten lasse. Er beschneidet meinen Besitz regelmäßig, indem er mir ständig Menschen über den Weg schickt, die etwas von dem, was ich im Überfluss habe, brauchen oder sich wünschen. Die Bibel lehrt uns, dass wir teilen sollen, wenn wir zwei Gewänder oder Mäntel haben, und ein anderer nichts hat (Lukas 3,11).

Auf meiner Suche nach einem einfacheren Leben habe ich entdeckt, dass anderen ein Segen zu sein, eine einfache Art ist, mir selbst und anderen Freude zu bereiten. Ich ermutige Menschen sogar, aktiv nach Möglichkeiten zu suchen, zu geben, weil die Bibel lehrt, dass Geben seliger ist als Nehmen (Apostelgeschichte 20,35). Gott freut sich, wenn er einen Menschen findet, den er reich segnen kann, der ihn an erster Stelle behält und mit seinem Besitz anderen zum Segen wird.

4 Leben Sie zu Gottes Ehre

»Die meisten Menschen scheinen nur für sich selbst zu leben, ohne sich Gedanken um Gottes Ehre oder das Wohlergehen ihrer Mitmenschen zu machen.«

David Brainerd, Missionar unter den Indianern Nordamerikas

Was immer ihr esst oder trinkt oder tut, das tut zur Ehre Gottes!
1. Korinther 10,31

Es ist wichtig, dass wir Gott durch unser ganzes Leben ehren, nicht nur mit unseren Worten oder geistlichen Taten. Fangen Sie an, alltägliche Arbeiten als etwas zu sehen, das Sie für Gott tun. Sehen Sie es nicht nur als etwas an, das Sie als erledigt von Ihrer Liste streichen, damit Sie sich wieder den Dingen zuwenden können, die *Sie* für heilig halten. Wenn wir für Gott leben, ist unser ganzes Leben heilig. Im Kolosserbrief 3,23 steht, dass wir unsere Arbeit mit Eifer und Freude tun sollen, »als würdet ihr Gott dienen und nicht Menschen«.

Gott trägt uns die gewöhnlichen Dinge genauso auf wie die geistlichen Dinge, wie Beten, Bibel lesen, gute Taten. In der Bibel sagt er uns immer wieder, dass wir arbeiten gehen sollen, Rechnungen bezahlen, uns um unsere Wohnung und unseren Körper kümmern, Gemeinschaft mit anderen Gläubigen haben sollen, das Essen genießen, schlafen und lachen dürfen. Wenn wir anfangen, alles, was wir tun, für Gott und zu seiner Ehre zu tun, wird das Leben leichter. Dann versuchen wir nicht mehr krampfhaft, etwas für ihn zu tun, sondern wir sind einfach so, wie er uns erschaffen hat.

Wenn wir das Leben in einen weltlichen und einen spirituellen Bereich unterteilen, hat es keinen Zusammenhang mehr. Wir hasten nur ständig von einer Sache zur nächsten, um das, was wir als weltlich ansehen, hinter uns zu bringen und zu den angeblich geistlichen Dingen zu kommen, von denen wir glauben, dass sie Gott gefallen. Wie können wir »ohne Unterlass« beten, wenn wir nicht verstehen, dass das ganze

Leben, wenn es für Gott gelebt wird, ein Gebet ist, eine Art gelebte Fürbitte?

Wenn ich gut aussehen will, um Gott damit zu ehren, dann wird der Sport, den ich treibe, die Zeit, die ich damit verbringe, mich zu frisieren und hübsch anzuziehen, zu einer heiligen Sache. Wenn mein Motiv dafür meine Eitelkeit ist, und ich das alles nur für mich tue, dann hat das nichts Heiliges an sich. Heilig ist alles, was wir Gott weihen. Wenn ich mich Gott weihe, ihm mein Leben hingebe, all meine Sinne und Fähigkeiten, meinen ganzen Besitz, bin ich dann mit meinem ganzen Leben nicht heilig? Alles, was wir tun, ist heilig, wenn wir es für Gott tun.

Wussten Sie schon, dass Gott von den Gläubigen als Heilige spricht? Das heißt nicht, dass unser Verhalten immer heilig ist, oder wir nie Fehler machen. Aber Gott sieht uns durch Jesus, der für uns gestorben ist. Er sieht uns als gerechtfertigt an, wenn wir unser ganzes Vertrauen auf Jesus setzen (2. Korinther 5,21). Wenn wir unser Leben ihm weihen und uns täglich darum bemühen, ihm zu gefallen, dann wird für uns alles, was wir tun, heilig. Unsere Herzenshaltung ist für Gott das Wichtigste.

Was unser Leben einfacher macht, ist eine ganz enge Beziehung zu Jesus. Wenn wir nach seinen Regeln leben und ihn als den lieben, der er ist - und nicht nur für das, was er für uns tun kann -, dann läuft unser Leben ruhiger und ohne Komplikationen. Fangen Sie an, das Leben als ein Ganzes zu sehen, nicht als etwas, das aus vielen einzelnen Bereichen besteht, von denen einige für Gott angemessen sind und andere nicht. Wenn es einen Lebensbereich gibt, der für Gott nicht angemessen ist, dann ist er es für mich auch nicht und sollte gestrichen werden. Fangen Sie an, die Bereiche Ihres Lebens zu streichen, die Sie nur für sich selbst beibehalten, so dass Sie mehr Zeit für die Bereiche haben, die Gott Ehre machen. Weiten Sie diese Bereiche aus, und Sie werden sehen, wie leicht das Leben wird.

5 Sorgen Sie sich nicht um morgen

»Jede Angelegenheit, die zu klein ist, um dafür zu beten, ist auch zu klein, um sich darum zu sorgen.«

Corrie ten Boom[1]

Deshalb sorgt euch nicht um morgen, denn jeder Tag bringt seine eigenen Belastungen. Die Sorgen von heute sind für heute genug.

Matthäus 6,34

Gott gab den Israeliten in der Wüste immer nur eine Tagesration Manna. Es war ihnen nicht erlaubt, sich davon Vorräte anzulegen. Indem sie sich daran hielten, zeigten sie, dass sie darauf vertrauten, dass Gott sein Versprechen erfüllen und sie jeden Tag versorgen würde. Jedes Mal, wenn sie mehr als eine Tagesration einsammelten, wurde es schlecht und stank. Viele Menschen sagen: »Mir stinkt's«. Damit meinen sie nicht den Geruch. Ich glaube vielmehr, dass ihnen alles zu viel wird – zu viel Arbeit, zu viel Verantwortung, zu viel, an das sie denken müssen. Es ist so viel, dass sie es nicht mehr unterbringen können und es wird schlecht. Sie machen das Heute kompliziert, weil sie schon für morgen sorgen wollen.

In Matthäus 6,25-31 lehrt Jesus, dass wir uns nicht um das Morgen sorgen sollen, und ermutigt uns dazu, zu glauben, dass Gott, der für die Vögel und Blumen sorgt, auch für uns sorgen wird. Jeder einzelne Tag enthält gerade so viel, wie wir verkraften können – wir sollen uns nicht um mehr als einen Tag Sorgen machen. Gott gibt uns von seiner Gnade, seiner Kraft und seinen Gaben gerade genug, um einen Tag nach dem anderen zu bewältigen. Aber er wird uns die Kraft für morgen nicht schon heute geben.

Wenn wir an die Zukunft denken, mit all ihren offenen Fragen und bedrohlichen Umständen, kann das fast überwältigend sein. Unser Vater im Himmel gibt uns keine Sonderration an Kraft, um uns über die

---

[1] Corrie ten Boom war eine niederländische Christin, die im Zweiten Weltkrieg mit ihrer Familie Juden versteckte und das KZ überlebte.

Probleme von morgen Gedanken zu machen und dabei immer noch gelassen und voll Freude zu bleiben. Wenn er das täte, würden wir uns Sorgen machen und uns den Kopf zerbrechen über Dinge, um die wir uns noch gar keine Gedanken machen müssten. Gott zeigt uns, was wir mit unseren Sorgen tun sollen: sie auf ihn werfen, und er wird dann für uns sorgen.

Wenn wir versuchen, heute schon für morgen zu leben, wird unser Leben kompliziert. Als die Jünger Jesus baten, ihnen zu zeigen, wie sie beten sollen, sagte er ihnen unter anderem, sie sollten den Vater um ihr *tägliches* Brot bitten. Dabei meinte er nicht nur die Nahrung; er sprach vor allem von dem, was sie brauchten, um ihre menschlichen Bedürfnisse zu stillen. Machen Sie sich das Leben einfacher, indem sie immer einen Tag nach dem anderen leben. Haben Sie keine Angst vor der Zukunft, denn was Sie brauchen, um mit dem nächsten Tag fertig zu werden, können Sie auch erst am nächsten Tag bekommen. Es ist unmöglich, heute schon die Probleme von morgen zu lösen. Vertrauen Sie Gott und genießen Sie ein einfaches Leben.

6 Lassen Sie die Vergangenheit los

»Wir bauen auf unser Versagen auf. Wir benutzen es als Trittbrett. Schließ die Tür zur Vergangenheit. Man kann die alten Fehler nicht vergessen, aber man darf nicht daran festhalten. Man darf sich von ihnen nicht die Energie oder die Zeit oder den Freiraum stehlen lassen.«

Johnny Cash

Denkt nicht mehr daran, was war und grübelt nicht mehr über das Vergangene.

Jesaja 43,18

In Philipper 3,13 schreibt der Apostel Paulus, dass er um eine Sache wirklich ernsthaft bemüht ist: die Vergangenheit zu vergessen, das loszulassen, was schon vorbei ist. Ich glaube, Paulus hat versucht, die Fehler der Vergangenheit wieder gutzumachen und hat dabei festgestellt, wie kompliziert und unmöglich das ist. Mit der Vergangenheit kann man nur eines machen: sie Gott überlassen. Wenn wir ihm unseren Schutt überlassen und er ihn in etwas Schönes verwandelt, kann Gott aus unseren Fehlern etwas Gutes für uns machen - wenn wir ihm das zutrauen.

In Jesaja 61,3 heißt es, dass er uns »Kopfschmuck anstelle von Asche« gibt. Aber viele Menschen behalten lieber die Asche auf ihrem Kopf, die verkohlten Überreste der Vergangenheit, die sie an ihre Fehler und ihr Versagen erinnern sollen. Geben Sie die Asche auf, sonst werden Sie nie etwas anderes bekommen. Jeder Tag ist etwas ganz Neues mit ungeheuren Möglichkeiten: neues Leben, neue Hoffnung, neue Träume. Aber wenn wir in den Fehlern und Enttäuschungen der Vergangenheit stecken bleiben, können wir diese Möglichkeiten nicht einmal *erkennen*. Lassen Sie das Vergangene los und gehen Sie voran.

Wenn wir Gottes guten Plan für die Gegenwart erkennen wollen, müssen wir unsere Gedanken von der Vergangenheit lösen. Abraham war ein Mann, der viel verloren hat. Um Streit zu vermeiden, überließ er seinem Neffen Lot das fruchtbare Jordantal, so dass er selbst nur noch trockenes Land hatte. Er hätte in Selbstmitleid versinken und entmutigt sein können. Stattdessen hörte er auf Gott, der ihm Folgendes sagte:

> *Blick auf und schau von der Stelle, an der du stehst, nach Norden und Süden, nach Osten und Westen.*
> *Das ganze Land nämlich, das du siehst, will ich dir und deinen Nachkommen für immer geben.*
>
> *1. Mose 13,14-15 (EU)*

Vielleicht müssen Sie den Blick heben und sich umschauen, anstatt nach hinten und auf den Boden zu schauen. Schauen Sie auf und erkennen Sie die ungeheure Zukunft, die vor Hoffnung überquillt - Hoffnung in Gott für Sie! Verschwenden Sie Ihr Leben nicht damit, dem nachzutrauern, was Sie verloren haben und was vergangen ist. Machen Sie Bestandsaufnahme von dem, was Sie haben. Gehen Sie vorwärts. Setzen Sie einen Fuß vor den anderen, machen Sie einen Glaubensschritt nach dem anderen. Denken Sie immer daran: Gott ist auf Ihrer Seite!

7 Lernen Sie Nein zu sagen

»Die Kunst zu leiten besteht darin, Nein zu sagen, nicht Ja zu sagen. Es ist sehr einfach, Ja zu sagen.«

Tony Blair

Sagt einfach klar Ja oder Nein, damit ihr euch nicht schuldig macht und dafür verurteilt werdet.

Jakobus 5,12b

Niemand mag das Wörtchen Nein wirklich. Wenn Sie Ja zu etwas sagen, grinsen die Menschen freudig, aber wenn Sie Nein sagen, werden Sie selten freundliche Gesichter sehen. Es ist ganz natürlich, dass wir geliebt und anerkannt sein möchten, aber dieses Verlangen birgt die Gefahr, dass wir versuchen, es allen recht zu machen. Das macht das Leben jedoch sehr kompliziert, denn die Menschen um uns herum erwarten alles Mögliche von uns. Haben Sie schon einmal den Satz »Man kann es nicht allen recht machen« gehört? Menschen, die es allen recht machen wollen, stellen sehr schnell fest, dass man einen hohen Preis dafür bezahlen muss, wenn man versucht, allen das zu geben, was sie gerne hätten, um sie glücklich zu machen: Man verliert sich selbst dabei.

Gott hat jeden Menschen einzigartig erschaffen. Wir sind Individuen, die das Recht haben, ihr eigenes Leben zu leben. Das heißt nicht, dass wir uns nie anpassen oder unsere Wünsche zurückstellen, um anderen zu helfen oder sie glücklich zu machen. Es bedeutet aber sehr wohl, dass wir es nicht ständig allen recht machen können, denn dabei verlieren wir Gott aus den Augen. Gott freut es überhaupt nicht, wenn wir seinen Plan für unser Leben nicht mehr verwirklichen, weil wir so sehr damit beschäftigt sind, alle anderen zufriedenzustellen, dass wir ein unerfülltes Leben führen und seine Ziele für uns außer Acht lassen.

Ich hatte selbst sehr damit zu kämpfen. Da ich als Kind sexuell missbraucht wurde, habe ich mich oft als minderwertig und überflüssig empfunden. Ich hasste das Gefühl der Ablehnung und sehnte mich so sehr nach Annahme, dass ich bereit war, jeden Preis dafür zu zahlen. Es dauerte jedoch nicht lange, bis ich herausfand, dass ich mich um mein eigenes Leben betrog, wenn ich Ja sagte, obwohl ich eigentlich lieber Nein gesagt hätte. Ich fing an, genau die Menschen zu hassen, die ich glücklich machen wollte und musste auf lange Sicht gesehen erkennen, dass sie keine wahren Freunde waren.

Menschen, mit denen man nur glücklich wird, wenn sie einen kontrollieren dürfen, *benutzen einen*. Wenn man das zulässt, wird man dabei nicht nur selbst verletzt, sondern die anderen werden auch verletzt. Leider werden die meisten Menschen alles tun, was wir ihnen erlauben. Das scheint die sündige Natur des Menschen zu sein. Den anderen ehrlich und liebevoll zur Rede zu stellen und sich nicht länger kontrollieren zu lassen, hilft allen Beteiligten und führt langfristig zu ausgeglichenen, guten Beziehungen.

Beschließen Sie, es als erstes Gott recht zu machen. Stellen Sie seinen Willen über Ihren eigenen und über den anderer. Wenn Sie dann überzeugt sind, dass Gott möchte, dass Sie zu etwas Ja sagen, sagen Sie Ja und bleiben Sie dabei. Aber wenn Sie den Eindruck haben, dass er möchte, dass Sie Nein sagen, dann sagen Sie Nein und bleiben Sie dann auch dabei. Gott gibt uns immer die Kraft und alles, was wir sonst noch brauchen, um seinen Willen zu tun -auch die Kraft, ganz schlicht und einfach Nein zu sagen. Schon alleine die Tatsache, dass unser Leben kompliziert ist und wir uns abmühen, kann ein Hinweis darauf sein, dass wir nicht den Willen Gottes tun. Wenn unser Herz Nein sagt, aber unser Mund aus Furcht vor Ablehnung Ja sagt, können wir nicht erwarten, dass Gott uns hilft. Er ist nicht dazu verpflichtet, irgendetwas zu vollenden, das er nicht angeordnet hat.

Sie sind in bester Gesellschaft, wenn Sie lernen müssen, Nein zu sagen. Bitten Sie Gott um seine übernatürliche Kraft und Weisheit, damit Sie lernen, leichter Entscheidungen zu treffen, und vertrauen Sie seiner Wegweisung.

8 Sie selbst sein

»Ganz ich selbst zu sein, in einer Welt, die einen ständig zu etwas anderem machen möchte, ist das Größte, was man erreichen kann.«

Ralph Waldo Emerson, amerikanischer Philosoph

Jeder achte genau auf sein eigenes Leben und Handeln, ohne sich mit anderen zu vergleichen.

Galater 6,4

Jahrelang habe ich versucht, so zu sein wie andere. Ich habe versucht, wie sie zu beten, mich wie sie zu verhalten, ja sogar wie sie auszusehen. Die ganze Zeit war ich unglücklich und mühte mich ab, bis ich schließlich erkannte, dass Gott mir niemals helfen wird, jemand anderes zu sein als ich selbst. Es gibt einen Grund, weshalb er mich so gemacht hat wie ich bin und nicht so wie jemand anderen. Das Leben ist sehr kompliziert, wenn man ständig versucht, jemand anderes zu sein. Wir sind nicht darauf programmiert, wie andere zu sein. Dagegen ist es viel einfacher und leichter, ich selbst zu sein. Und Gott zeigt uns auch wie das geht, denn das ist sein Wille.

Sie müssen sich mit nichts und niemandem messen, und das bedeutet echte Freiheit. Jesus ist gekommen, um Menschen auf vielerlei Weise zu befreien, und das ist eine davon. Ich möchte es noch einmal wiederholen: Sie müssen weder sich noch irgendeinen Aspekt von sich mit anderen vergleichen. Sie müssen auch nicht wetteifern, um genauso gut oder besser zu sein (2. Korinther 10,12). Gott erwartet lediglich von uns, dass wir so wie wir sind unser Bestes geben. Ich sage immer: »Er will, dass ich die beste Joyce Meyer bin, die ich sein kann.« Seit mir das klar geworden ist, habe ich mich in riesigen Schritten entwickelt.

Andere Menschen können uns ein Vorbild sein oder uns anregen, uns in einem bestimmten Bereich unseres Verhaltens noch mehr Mühe zu geben. Aber niemand außer Jesus selbst sollte unser Maßstab sein. Paulus schrieb an die Christen in Korinth, sie sollten seinem Beispiel folgen, wie er Christus folgte. Er schrieb ihnen, er sei ihr Vorbild, aber er sagte niemals, dass sie so werden müssten wie er.

Lernen Sie, sich in der Gegenwart anderer zu entspannen und einfach Sie selbst zu sein. Wenn andere Sie ablehnen, so lehnen sie Gottes Schöpfung ab. Natürlich haben wir alle Bereiche, an denen wir noch arbeiten müssen, aber nur Gott kann diese Veränderungen bewirken. Er tut es auf seine Art und zu seiner Zeit. Manchmal gefällt uns, *wer* wir sind so wenig, dass wir eine Schein-Persönlichkeit aufbauen, die wir der Welt zeigen. Dadurch entstehen meistens Beziehungsprobleme. Aber wenn wir uns dazu befreien lassen, einfach so zu sein, wie Gott uns geschaffen hat, dann liegt Gottes Segen spürbar auf uns und wir werden akzeptiert. Ich habe aufgehört, zu versuchen, Menschen dazu zu bewegen, mich zu mögen, und vertraue darauf, dass Gott mir gute Beziehungen schenkt.

Ich mag mich, weil ich ich bin, und deshalb mögen mich auch die anderen - vielleicht nicht alle, aber es gibt genug Menschen, die mich mögen, und mit ihnen bin ich beschäftigt genug. Wenn Sie beschließen, sich selbst so anzunehmen und zu mögen, wie Sie sind und wie Gott Sie geschaffen hat, dann erfahren Sie mehr Annahme und weniger Ablehnung.

9

Qualität ist wichtiger als Quantität

»Die Qualität, nicht die Länge eines Lebens ist entscheidend.«
Martin Luther King Jr.

Denn ihr sollt imstande sein zu erkennen, worauf es ankommt [und das wirklich Wertvolle schätzen lernen] ...
Philipper 1,10a

Früher war die Gesellschaft einfacher als heute. Wenn wir einmal zurückschauen, stellen wir fest, dass die Menschen damals mehr Wert auf Qualität statt auf Quantität legten. Mehr zu haben, ist nicht immer auch besser - oft ist es schlechter. Wir kaufen günstigere Kleidung, damit wir mehr kaufen können, und ärgern uns dann, weil die Dinge beim Waschen einlaufen oder die Farben ausbleichen oder sie nicht so lange halten wie wir dachten. Zu viele Kleider im Schrank zu haben, kann auch das Ankleiden kompliziert machen. Ein Mann sagte einmal: »Als ich nur einen braunen und einen blauen Anzug hatte, hatte ich nie Probleme, meine Sachen für eine Reise zu packen. Ich packte einfach beide ein und zog sie dann abwechselnd an. Jetzt, wo ich einen ganzen Schrank voller Sachen habe, ist das Packen zur Qual geworden, und es dauert ewig, bis ich mich entschieden habe, was ich mitnehme.«

Wenn wir beim Kauf von Haushaltsgeräten und Möbeln auf Qualität achten, kann das zwar heißen, dass wir uns weniger Dinge leisten können, aber dafür sparen wir hinterher viel Zeit, denn Produkte von geringerer Qualität gehen öfter kaputt und halten nicht so lange. Je mehr wir haben, um das wir uns kümmern müssen, desto komplizierter ist das Leben.

Kürzlich habe ich gespürt, wie Gott zu mir sagte, ich solle nichts tun, was ich nicht absolut tun müsste. Wenn jemand anderes es erledigen kann, lass es denjenigen tun. Das hat mir sehr dabei geholfen, mein Leben einfacher zu gestalten. Unser Leben kann nur einfacher werden, wenn wir uns um weniger Dinge kümmern müssen. Ich werde weiter versuchen, mit weniger auszukommen und dennoch ein erfolgreiches Leben zu führen.

Wenn man ein Auto kauft, weil es gut aussieht, aber nicht auf Qualität achtet, verbringt man möglicherweise sehr viel Zeit in der Werkstatt. Wenn man durch die ganze Stadt fährt, weil man hofft, eine Sache woanders günstiger zu bekommen, vergeudet man womöglich mehr Zeit als man Geld gespart hat. Wie viel ist Ihnen Ihre Zeit wert? Meine Zeit ist mir sehr viel wert. Wenn ich dadurch Zeit sparen kann, bin ich bereit auch etwas qualitativ Besseres zu kaufen.

Machen Sie es sich zur Gewohnheit, mit dem Geld, das Sie zur Verfügung haben, die beste Qualität zu kaufen, die Sie bekommen können. Glauben Sie nicht, dass mehr automatisch auch besser ist - das ist trügerisch. Ich würde lieber einen qualitativ guten Artikel kaufen als drei oder vier minderwertige.

10

Fangen Sie nichts an, was Sie nicht zu Ende führen können

»Die Fähigkeit eines Menschen zeigt sich in dem, was er zu Ende gebracht hat, nicht in dem, was er versucht hat.«

Quelle unbekannt

Denn wer würde mit dem Bau eines Hauses beginnen, ohne zuvor die Kosten zu überschlagen und zu prüfen, ob das Geld reicht, um alle Rechnungen zu bezahlen?

Lukas 14,28b

Zahlreiche unfertige Projekte sammeln sich in unseren Köpfen und unserem Leben und blockieren uns. Ständig mahnen sie uns, dass noch etwas zu erledigen ist, und machen uns ein schlechtes Gewissen. Je länger wir brauchen, um etwas abzuschließen, desto schlechter fühlen wir uns dabei. Niemand kann sich vornehmen, alles zu erledigen und es dann auch noch gut zu machen. Wir haben unsere Grenzen und sollten sie akzeptieren. Gott ist unbegrenzt. Jeder, der ihm vertraut, kann alles tun, was er von uns will. Aber Gott will nicht, dass wir Dinge anfangen und dann nicht beenden.

Gott hat sein gutes Werk in uns angefangen und wird damit weitermachen und es vollenden bis zu dem Tag, an dem Jesus wiederkommt (Philipper 1,6). Manche Vorhaben sind schneller erledigt, andere dauern länger. Ungeduldige Menschen beenden die längerfristigen Projekte meist nicht. Für geistliche Reife, zum Beispiel, braucht man viel Geduld. Wir verändern uns nicht über Nacht. Viele Menschen wenden sich wieder vom Glauben ab, weil sie ihr geistliches Wachstum nicht am Drive-in-Schalter bekommen. Sie wollen sofort reifen, und das geht nicht.

Ich kenne Menschen, die jedes neue Vorhaben voller Elan angehen. Doch wenn es nicht mehr neu ist, übergeben sie es entweder an jemand anderes, oder sie lassen es unvollendet. Neue Dinge sind immer interessant, aber was ist, wenn der anfängliche Nervenkitzel und Applaus vorbei sind? Wer bleibt dann noch bei der Stange? Nur diejenigen, die vorher die Kosten überschlagen haben, und von Anfang an gewusst haben, dass es außer der aufregenden Anfangsphase auch noch viele andere Phasen geben wird. Diejenigen, die aufgeben, sind meist frustriert und haben tausend Ausreden, warum sie die Sache nicht zu Ende gebracht haben.

Die meisten Menschen laden sich heutzutage mehr auf, als sie tatsächlich bewältigen können. Stressbewältigung ist zu einem Milliardengeschäft geworden. Dabei entsteht der meiste Stress, weil wir uns zuviel vornehmen. Auf meiner Aufgaben-Liste steht immer mehr, als ich an einem Tag erledigen kann. Dann mache ich eben am nächsten Tag weiter. Wenn wir uns zu etwas verpflichtet haben, sollten wir es auch zu Ende führen, und zwar gut und pünktlich.

Machen Sie sich das Leben leichter, indem Sie nur anfangen, was Sie auch zu Ende führen können. Und führen Sie alles, was Sie angefangen haben, auch zu Ende. Lassen Sie sich nicht ablenken - bleiben Sie bei der Sache und bringen Sie sie zu Ende. Wenn Sie etwas beendet haben, müssen Sie nicht mehr daran denken. Dann haben Sie den Kopf wieder frei, um sich ganz der nächsten Sache, dem nächsten Ziel, dem nächsten großen Traum ihres Lebens zu widmen. Dann können Sie wieder träumen und Neues schaffen, weil Sie nicht so viel Ballast mit sich herumtragen. So lebt es sich am besten.

11

Aus einer Mücke keinen Elefanten machen

»Wecke nie den Ärger, bis er von selbst kommt, denn wer den Ärger weckt, bekommt ihn doppelt.«

David Keppel, Autor

Ich lasse euch ein Geschenk zurück – meinen [eigenen] Frieden. Und der Friede, den ich schenke, ist nicht wie der Friede, den die Welt gibt. Deshalb sorgt euch nicht und habt keine Angst. [Hört auf, euch selbst zu erlauben, aufgeregt und beunruhigt zu sein. Erlaubt euch selbst nicht, furchtsam und eingeschüchtert, feig und gereizt zu sein.]

Johannes 14,27

Es gibt heutzutage zu viele Menschen, die bei Kleinigkeiten in Panik geraten. Sie lassen sich so schnell aus der Ruhe bringen, dass sie ein Leben voller Sorgen und Probleme führen. Jemand hat einmal gesagt: »Überlege dir gut, an welcher Front du kämpfst.« Das ist ein guter Rat. Im Leben der meisten Menschen gibt es genug große Ereignisse, mit denen man sich auseinandersetzen muss. Da muss man nicht auch noch aus Angelegenheiten, die man getrost ignorieren kann, etwas Großes machen.

Jeden Tag bieten sich vielfältige Gelegenheiten, sich über irgendetwas aufzuregen. Aber wir können uns auch entscheiden, es nicht zu tun und ruhig zu bleiben. Satan will uns dazu verleiten, uns aufzuregen. Finden Sie heraus, worüber Sie sich aufregen und lernen Sie sich selbst besser kennen. Entschließen Sie sich, all die Kleinigkeiten, die ohnehin in ihrem Leben nicht von Bedeutung sind, loszulassen. Die Bibel sagt, dass die kleinen Füchse den Weinberg verwüsten (Hoheslied 2,15). Wie oft kommt es zur Ehescheidung, weil die Partner über die Jahre viele Kleinigkeiten in sich aufgestaut haben, die mit der Zeit zu einem unüberwindbaren Berg wurden. Wenn wir das Böse, das uns angetan wurde, nicht nachtragen, wie es in 1. Korinther 13 heißt, dann sind unsere Beziehungen einfacher und leichter. Früher habe ich einmal sehr genau »Buch geführt«, über alles, was andere mir angetan haben, das mich verletzt oder beleidigt hat. Mein Leben war ein einziges Chaos. Alles war kompliziert, und ich war unglücklich.

Seien Sie nicht zu verletzlich, denn Sie selbst leiden am allermeisten darunter. Wenn uns jemand verletzt, tut er das normalerweise nicht mit Absicht. Denken Sie daran, dann wird Ihr Leben um vieles leichter. Wenn unsere Gedanken mit allem, was uns je angetan wurde, voll sind, dann können wir das Leben nicht mehr genießen. Wenn unser Leben einfach sein soll, dann müssen unsere Gedanken und Gefühle rein sein. Unsere Herzen müssen bereit sein, anderen zu vergeben, statt verletzt und beleidigt zu sein.

Wenn wir mehr Zeit damit verbringen, darüber nachzudenken, was andere uns angetan haben, statt darüber, was sie für uns getan haben, verlieren wir jede Freude. Wir werden kritiksüchtig, mürrisch und defensiv, und das gefällt Gott gar nicht. Wenn wir bereit sind, schnell und immer wieder zu vergeben, wird unser Leben um vieles leichter.

12 Nicht um sich selbst drehen

»Man ist nicht selbstsüchtig, wenn man das Beste für sich selbst will, sondern wenn man das Beste für den Nächsten nicht beachtet.«

Richard Whately, britischer Autor und Theologe

Dann rief er seine Jünger und die Menge zu sich. »Wenn jemand mir nachfolgen will«, sagte er, »muss er sich selbst verleugnen [sich selbst und seine Interessen aufgeben, vergessen, ignorieren, außer Acht lassen], sein Kreuz auf sich nehmen und mir nachfolgen.

Markus 8,34

Ein selbstsüchtiger, egoistischer Mensch ist meist auch sehr kompliziert und durcheinander. Gott wollte nie, dass wir nach innen gekehrt sind und uns nur um uns selbst sorgen. Er will, dass wir auf andere Menschen zugehen und uns darauf verlassen, dass er für uns sorgt. Die Bibel spricht davon, dass Jesus sich ganz seinem Vater im Himmel anvertraut hat, weil er wusste, dass er gerecht richten würde (1. Petrus 2,23). Wir sollten seinem Beispiel folgen.

Das einzige Ziel eines Christen sollte es sein, Jesus nachzufolgen. Jesus sagt, wenn wir diese Entscheidung getroffen haben, müssen wir uns selbst und unsere Interessen ganz aufgeben (Markus 8,34). Nur zu oft meinen wir, wenn wir alles loslassen, so wie er es verlangt, dann würden wir das Leben niemals genießen können und niemals das bekommen, was wir uns wünschen. Aber das Gegenteil ist der Fall. Wenn wir uns an andere verschenken, schenkt Gott uns ein Leben, das alles, was wir je selbst für uns tun könnten, weit übersteigt. Ich kann Ihnen nur wärmstens empfehlen, sich aus der Selbstfürsorge zurückzuziehen und Gott in Ihrem Leben Gott sein zu lassen. Lassen Sie es zu, dass er für Sie sorgt.

Damit will ich nicht sagen, dass wir uns nicht mehr körperlich, geistig, seelisch und geistlich um uns kümmern sollten. Ich will damit nur sagen, dass wir uns keine Sorgen mehr um uns selbst machen sollten und darum, wie wir alles vom Leben bekommen können, was wir gerne hätten. Versuchen Sie, sich selbst zu vergessen, denn je mehr sie an sich selbst denken, desto schlechter geht es Ihnen.

Unsere menschliche Natur ist auf Selbsterhaltung angelegt. Aber wenn jemand Jesus als Retter und Herrn angenommen hat, so wird er zu einem neuen Menschen (2. Korinther 5,17). Und diese neue Natur gibt uns die Fähigkeit, selbst*los* zu sein und andere vorne anzustellen. Wenn wir einmal zu Jesus gehören, dann müssen wir eine neue Lebensweise lernen. Die Beziehung zu ihm beginnt mit einem Glaubens*schritt* - indem wir ihn bitten, Herr über unser Leben zu sein. Aber dann müssen wir in einer *Haltung* des Glaubens leben - eine Grundeinstellung, an der wir dann festhalten und die sagt: *Es geht nicht mehr um mich.* Überlassen Sie Ihr Leben Gott, dann wird es wirklich lebenswert. Sich immer um sich selbst zu sorgen, ist sehr kompliziert. Darauf zu vertrauen, dass Gott für Sie sorgen wird, während Sie sich um andere kümmern, ist dagegen einfach.

Legen Sie die Angst davor, was mit Ihnen geschehen wird, ab. Gott ist treu und wird für Sie sorgen, wenn Sie ihm vertrauen.

13 Was du heute kannst besorgen ...

»Dinge aufzuschieben, ist der Tod jeder Chance.«
Victor Kiam, Unternehmer

Deshalb hat Gott einen neuen Zeitpunkt festgelegt, ein neues »Heute«. Davon hat Gott nach so langer Zeit durch David gesprochen; es sind die schon bekannten Worte: »Heute sollt ihr auf seine Stimme hören. Verschließt eure Herzen nicht gegen ihn.«
Hebräer 4,7

Wenn ich zig unerledigte Aufgaben im Kopf habe, erscheint mir das Leben sehr kompliziert. Es sind Dinge, zu denen ich mich entweder verpflichtet habe oder die ich tun muss, aber noch nicht in Angriff genommen habe. Ich kann keine Ruhe bei Gott finden, wenn ich nicht auf seine Anweisungen höre und sie dann ausführe. Die Dinge, von denen wir im Herzen wissen, dass wir sie tun sollten, oder von denen Gott uns gezeigt hat, dass sie dran sind, sollten wir auch wirklich tun. Gute Absichten sind nicht das Gleiche wie Gehorsam. Wenn wir nicht gehorchen, werden wir in unserer Seele keine Ruhe finden.

Der Teufel will uns dazu verführen, dass wir Dinge aufschieben. Er redet uns ein, wir hätten schon etwas getan, weil wir es uns vorgenommen haben. Dabei wird uns nicht bewusst, dass wir es nicht wirklich erledigt haben. Sich etwas vorzunehmen ist gut, aber zu handeln ist besser. Wie viele Dinge schlummern momentan in Ihrem Leben, von denen Sie wissen, dass Sie sie erledigen sollten, aber die Sie noch nicht angegangen sind? Ich bin mir sicher, dass Sie sich im Stillen darüber ärgern oder dass Sie das sogar plagt. Jedes Mal, wenn Sie die Abstellkammer aufmachen, die Sie schon seit drei Jahren aufräumen wollen, bekommen Sie ein schlechtes Gewissen. Sie schreit Ihnen förmlich ins Gesicht: »Du bist faul und undiszipliniert!« Das Beste, was Sie dagegen tun können, ist, die Abstellkammer einfach aufzuräumen, getreu dem Werbeslogan *Just do it!* Packen wir's an!

Was ist mit den Kleinigkeiten, die im Haus repariert werden müssten oder mit der Liste der zu erledigenden Telefonate, die Sie seit Wochen, vielleicht sogar Monaten vor sich herschieben? Allein schon bei dem Gedanken an all die Dinge, die man noch zu erledigen hat, fühlt man sich faul und unorganisiert. Es ist vielleicht nur ein ganz vages, unterschwelliges Gefühl, aber es ist allgegenwärtig und kann einem die Lebensfreude rauben. Das einfachste Mittel dagegen ist, sich einen Zeitpunkt zu setzen und diese Dinge dann auch zu erledigen. Einmal diszipliniert handeln, wird Ihnen ein tagelanges schlechtes Gewissen ersparen.

Wenn die Liste von unerledigten Dingen, die Sie schon viel zu lange vor sich herschieben, sehr lang ist, lassen Sie sich davon nicht unterkriegen, bevor Sie jemals angefangen haben. Nehmen Sie sich eine Sache nach der anderen vor, und machen Sie einfach so lange weiter, bis Sie fertig sind. Schauen Sie immer auf das Ziel - nicht auf die Arbeit, die bis dahin noch zu erledigen ist. Es wird einiges an Disziplin und Opfer fordern, aber der Lohn sind viele unbeschwerte Tage voller Lebensfreude. Die Bibel sagt, dass jede Züchtigung zwar für den Augenblick keine Freude zu bringen scheint (Hebräer 12,11), »später aber schenkt sie denen, die durch diese Schule gegangen sind, als Frucht den Frieden und die Gerechtigkeit« (EU). Klugen Menschen ist die langfristige Wirkung wichtiger als die unmittelbare. Sie sind Investoren - sie investieren, was sie haben, um zukünftig etwas Besseres dafür zu bekommen.

Machen Sie sich das Leben leichter, indem Sie sich entscheiden, ab heute ein »Jetzt-Mensch« zu sein, der nichts aufschiebt. Machen Sie das Sprichwort »Was du heute kannst besorgen, das verschiebe nicht auf morgen« zu Ihrer neuen Lebensphilosophie. Erledigen Sie die Dinge gleich und erleben Sie den inneren Frieden, den einfaches Handeln mit sich bringt.

14 Das Leben entrümpeln

»Man sollte seine Wohnung entrümpeln. Aber noch wichtiger ist es, sein Leben zu entrümpeln.«

D. H. Mondfleur

Denn Gott ist nicht ein Gott der Unordnung, sondern ein Gott des Friedens ...

1. Korinther 14,33

Unordnung überwältigt mich. Ich gehöre zu der Sorte Menschen, die erst aufräumen müssen, bevor sie sich wohlfühlen. Mein Mann gehört zu den Menschen, die alles aufheben müssen, nur für den Fall, dass sie genau dieses eine Ding Jahre später noch einmal gebrauchen könnten. Meine Philosophie ist eher: In fünf Jahren weiß ich ohnehin nicht mehr, wo ich es hingeräumt habe. Also kann ich es auch gleich jemandem schenken, der es jetzt gebrauchen kann und es mir wieder kaufen, falls ich es tatsächlich noch einmal brauchen sollte.

Wenn Ihnen zu viel Unordnung und mangelnde Organisation zu schaffen machen, fragen Sie sich einmal, weshalb Sie an allem, was Ihnen über den Weg läuft, so sehr hängen. Fühlen Sie sich verpflichtet, alles aufzuheben, was Sie einmal geschenkt bekommen haben? Natürlich wollen wir niemanden verletzen, aber andererseits haben wahre Geschenke keine Bedingungen. Wenn Ihnen jemand ein echtes Geschenk macht, dann gehört es Ihnen und Sie können damit machen, was Sie wollen.

Oft verschenken Menschen Dinge, die ihnen selbst gefallen, aber nicht dem Geschmack des Beschenkten entsprechen. Auch wenn Sie die Absicht hinter dem Geschenk sehr zu schätzen wissen, sollten Sie sich nicht verpflichtet fühlen, es zu benutzen. Gott schenkt uns Brot zum Essen und Saat zum Aussähen (2. Korinther 9,10). Das bedeutet, dass manches von dem, was er uns schenkt, dazu gedacht ist, es an andere weiterzugeben.

Ich habe einer Freundin einmal ein teures Armband geschenkt. Nach etwa zwei Jahren entdeckte ich genau dieses Armband am Handgelenk einer anderen Freundin und merkte, dass sie es verschenkt hatte. Im ersten Moment wollte ich verletzt reagieren, aber dann erinnerte ich mich an meine eigenen Prinzipien. Ich habe es ohne Bedingungen verschenkt. Also habe ich kein Recht, zu bestimmen, was damit geschehen soll. Nachdem ich es meiner Freundin geschenkt hatte, war es ihres, und sie konnte damit tun, was sie wollte. Dass sie es weitergeschenkt hatte, musste nicht heißen, dass es ihr nicht gefiel oder dass sie undankbar war. Vielleicht war es auch ein Opfer für sie gewesen, es zu verschenken. Sie hat es vielleicht aus Gehorsam Gott gegenüber getan, weil er es von ihr wollte. Das Beste zu glauben und auf das Beste zu hoffen, ist immer der einfachste Weg, mit Dingen umzugehen.

Um nicht zu viel Durcheinander anzusammeln, verschenke ich regelmäßig Dinge. Es macht mir Freude und ist für mich eine Art des Gebens. Ich mag schöne Dinge, aber ich will nicht so viele davon haben, dass ich mich darüber nicht mehr freuen kann, weil alles irgendwie unordentlich und durcheinander wirkt.

Oft ist das Durcheinander in unserem Leben nicht die Schuld anderer, sondern unsere eigene. Haben Sie so viele Kleider, dass Sie Mühe haben, das Richtige zum Anziehen zu finden? Haben Sie so viele Dekorationsartikel herumstehen, dass Sie sich beim Abstauben wie der Elefant im Porzellanladen vorkommen? Haben Sie von irgendetwas so viel, dass Sie es bis zum Verfallsdatum gar nicht aufbrauchen können? Räumen Sie viele Dinge immer wieder von einer Ecke in die andere, benutzen sie aber nie oder genießen Sie nie wirklich? Wenn Sie irgendeine dieser Fragen mit Ja beantwortet haben, sollten Sie, glaube ich, einmal ganz mutig entrümpeln. Holen Sie sich eine große Geschenkbox und legen sie alles hinein, womit Sie jemand anderem eine echte Freude machen könnten, ohne es zu vermissen. Damit wird ihre Umgebung einfacher, und Sie werden gleichzeitig auch das Durcheinander in sich los und lernen, die Dinge mit mehr Frieden und einfacher anzugehen.

15 Übermaß vermeiden

»Unser Körper ist das Gepäck, das wir durchs Leben schleppen. Je mehr Gepäck, desto kürzer die Reise.«
Arnold H. Glasgow, amerikanischer Psychologe

Seid besonnen und wachsam und jederzeit auf einen Angriff durch den Teufel, euren Feind, gefasst! Wie ein brüllender Löwe streift er umher und sucht nach einem Opfer, das er verschlingen kann.
1. Petrus 5,8

Jemand hat einmal gesagt: »Übermaß ist das Spielfeld des Teufels.« Immer wenn wir irgendetwas im Übermaß tun, sind wir nicht mehr länger besonnen oder ausgeglichen. Gottes Wort sagt, dass mangelnde Besonnenheit dem Teufel die Tür öffnet. Eines der Dinge, die der Teufel am häufigsten versucht, ist, uns zu irgendeiner Form von Übermaß zu verleiten und uns so die Freude zu rauben. Wenn wir von irgendetwas mehr haben, als wir in der Lage sind zu nutzen, wird unser Leben kompliziert. Es ist genauso, wie wenn ein kleines Kind in das Glas mit den Keksen greift und versucht, so viel Kekse wie möglich auf einmal herauszuholen. Es bekommt die Faust mit den Keksen nicht mehr durch die Öffnung und steckt fest. Übermaß macht alles kompliziert.

Wenn Ihr Leben einfacher werden soll, ist Ausgewogenheit angesagt. Wer zu viel redet, bekommt Probleme. Wer zu viel isst, bekommt Probleme. Wer zu viele Schulden hat, bekommt Probleme. Übermaß ist schlicht das Problem.

Die Bibel spricht vom Beschneiden der Reben (Jesaja 18,5). Stellt ein Gärtner fest, dass ein Baum zu viele oder kranke Triebe hat, schneidet er sie zurück oder ganz ab. Manche der überflüssigen Triebe werden auch Wurzelsprösslinge genannt. Sie wachsen am unteren Teil des Stammes oder aus dem Wurzelhals. Obwohl sie vom Saft des Baumes leben, werden sie doch nie Früchte tragen und sind nutzlos. Der Gärtner muss sie entfernen, damit sie nicht den ganzen Baum schwächen oder Ungeziefer anlocken.

Ich kann mich noch erinnern, als Dave einmal einen unserer Bäume beschnitt. Er schnitt ihn so weit zurück, dass ich mir sicher war, er hätte ihn kaputt gemacht. Ich war sehr aufgebracht und fand, dass der Baum schrecklich aussah. Dave sagte, ich solle Geduld haben, denn im nächsten Frühjahr würde der Baum schöner aussehen als je zuvor. Und tatsächlich wurde es der schönste Baum in unserem Garten, weil alle überflüssigen Triebe und Zweige entfernt worden waren.

Scheuen Sie nicht davor zurück, alles abzuschneiden, was Sie nicht wirklich brauchen. Ich bin überzeugt, dass Gott Sie dann noch reicher segnen kann. Wenn Sie mehr besitzen, als Sie je nutzen können, teilen Sie mit jemandem, der zu wenig hat. Dadurch säen Sie eine gute Saat und können später in Ihrem eigenen Leben die Ernte einbringen.

Außer beim materiellen Besitz gibt es noch auf anderen Gebieten Übermaß. Wenn Sie abnehmen müssen, essen Sie kleinere Portionen, und Sie werden mit der Zeit den Unterschied merken. Wenn das, was Sie sagen, Sie oft in Schwierigkeiten in Ihren Beziehungen bringt, sollten Sie vielleicht etwas weniger reden und mehr zuhören. Sagen Sie dem Übermaß ab und fangen Sie heute noch an, Ihr Leben zu vereinfachen.

16 Keine Schulden machen

»Schulden sind die übelste Form der Armut.«
Thomas Fuller, britischer Historiker

So wie der Reiche über den Armen herrscht, so wird derjenige, der [sich] Geld leiht, zum Diener seines Gläubigers.
Sprüche 22,7

Der Würgegriff der Schulden ist eine der schlimmsten Ursachen für ein kompliziertes, verworrenes Leben. Übermäßige Schulden machen das Leben komplizierter als nötig und setzen den Schuldner unter großen Druck. Sie sind auch eine große Belastung für die Ehe. Statistiken belegen, dass die Belastung durch Schulden so hoch ist, dass sie häufig die Ursache für Ehescheidungen ist.

In unserer heutigen Gesellschaft ist es sehr leicht, sich zu verschulden. Geschäfte verleiten einen dazu, jetzt zu kaufen und später zu zahlen, indem man mit Kreditkarte zahlt. In Amerika ist das Geschäft mit den Kreditkarten zu einem Milliarden-Geschäft geworden. Genauso viel Geld wird ausgegeben, um Werbung für noch mehr Kredite zu machen. Wir leben in einer Zeit, in der die Menschen sehr ungeduldig sind und sich wenig um die Zukunft kümmern. Sie leben ganz für den Augenblick. Aber die knallharte Wahrheit ist, dass die Zukunft kommen wird - und mit ihr die Folgen unseres heutigen Handelns.

Es gibt vermutlich Millionen von Menschen, die in Hochstimmung Dinge gekauft haben, und dann Monate oder sogar Jahre lang unter dem Druck stehen, die Schulden dafür abzahlen zu müssen. Möglicherweise benutzen sie die Dinge, an denen sie immer noch zu zahlen haben, schon gar nicht mehr. Vielleicht wissen sie nicht einmal mehr, wo ihre Errungenschaften sind, weil sie sie irgendwo in einer Abstellkammer, in der Garage oder auf dem Dachboden verstaut haben. Manche Menschen kaufen Dinge, die sie dann niemals benutzen. Sie sehen irgendwo das Schild »Sonderangebot« oder »3 kaufen - 2 zahlen«, tragen ihren Einkauf nach Hause, legen ihn erst einmal zur Seite und vergessen dann komplett, dass sie überhaupt etwas gekauft haben. Wir scheinen süchtig danach zu sein, möglichst viele Dinge zu haben. Die meisten Dinge, von denen wir glauben, wir müssten sie unbedingt haben, machen unser Leben nur komplizierter und nehmen uns das wunderbar einfache Leben, das Gott uns schenken will.

Natürlich sollen Sie das kaufen, was Sie brauchen, und auch ab und zu etwas von dem, was Sie gerne hätten, aber verschulden Sie sich dafür nicht. Lernen Sie, auf die Dinge, die Sie gerne hätten, zu sparen. Die Bibel sagt: »... wer Stück für Stück sammelt, wird reich« (Sprüche 13,11b, EU). Mein Mann hat ein wunderbar einfaches Prinzip, was Geld angeht: Von allem, was du einnimmst, spende etwas, lege etwas zur Seite, und gib etwas aus - immer im Rahmen deiner Möglichkeiten. Wer das tut, dessen Möglichkeiten werden allmählich immer größer, und er wird nie unter der Last von Schulden zu leiden haben.

Wenn Sie bereits verschuldet sind, verpflichten Sie sich, die Schulden abzuzahlen. Machen Sie nicht so weiter wie bisher, denn dadurch verschlimmern Sie Ihre Probleme nur noch. Vielleicht müssen Sie eine Zeit lang finanzielle Einschränkungen auf sich nehmen, um Ihre Schulden abzahlen zu können, aber das wird es wert sein. Schulden sind wie ein schweres Gewicht am Bein, das man überall mit hin schleppen muss. Lösen Sie Ihre Fesseln und erleben Sie die Freiheit, niemandem etwas zu schulden.

17

Die Hauptsache muss die Hauptsache bleiben

»Wenn man alles verloren hat, außer Gott, wird einem zum ersten Mal bewusst, dass Gott alles ist, was man braucht.«
Maude Royden, britische Theologin

Liebe Kinder, hütet euch vor den Götzen [vor allem und jedem, das Gott den Platz in euren Herzen streitig machen könnte, der allein ihm gehört]!
1. Johannes 5,21

Gott ist ein eifersüchtiger Gott, und der einzig angemessene Platz für ihn ist der, der ihm rechtmäßig zusteht: der erste Platz bei allem. Unser Leben kann nur gelingen, wenn wir immer darum bemüht sind, Gott diesen Ehrenplatz und oberste Priorität zu geben. Ich sage, wir müssen darum bemüht sein, denn von alleine wird es nicht geschehen. Wenn wir sehr beschäftigt sind, können unsere Prioritäten ganz schnell durcheinander kommen und wir können der Versuchung des Reichtums erliegen.

In der Erzählung von Jesu Besuch bei Marta und Maria sehen wir zwei ganz unterschiedliche Reaktionen in Bezug auf Prioritäten. Maria setzte sich Jesus sofort zu Füßen und hörte ihm aufmerksam zu. Aber Marta war damit beschäftigt, ihre Gäste zu bewirten und das Haus in Ordnung zu halten. Sie ärgerte sich darüber, dass Jesus Maria nicht befahl, ihr zu helfen, aber er antwortete ihr, dass Maria die bessere Wahl getroffen hatte. Er sagte sogar zu Marta, dass sie sich viele Sorgen und Mühe machte und dabei die Hauptsache seines Besuches verpasste (Lukas 10,38-42). An jenem Tag war Martas Leben sehr frustrierend und kompliziert, während Marias Leben ruhig und gelassen war.

Ein anderes Mal traf Jesus einen vornehmen, reichen Jüngling, der wissen wollte, was er tun musste, um ewiges Leben zu bekommen. Als Jesus ihm sagte, er solle alles verkaufen, was er hatte, das Geld den Armen geben und ihm dann nachfolgen, ging der junge Mann traurig davon, denn er besaß sehr viel (Lukas 18,18-23). Sein Besitz hatte ihn verführt. Er erkannte nicht, dass Gott ihn auf die Probe stellte. Wäre er bereit gewesen, all das für Gott aufzugeben, hätte Gott ihm letzten Endes mehr gegeben, als er aufgegeben hatte. Viele Menschen machen genau diesen Fehler. Sie klammern sich ängstlich an das, was sie haben, und verlieren dabei alles, was sie stattdessen haben könnten. Sie begnügen sich mit Dingen, die uns niemals so befriedigen können, wie Jesus es kann. Sie geben sich mit dem Guten zufrieden, statt sich zu Besserem aufzuschwingen. Entscheiden Sie sich, die Hauptsache in Ihrem Leben immer die Hauptsache sein zu lassen. Jesus *ist* die Hauptsache!

18

Grenzen setzen

»Wir lieben es, die Grenzen zu überschauen, die wir nie übertreten würden.«

Samuel Johnson, britischer Dichter

Aus einem einzigen Menschen hat er alle Völker der ganzen Welt hervorgebracht. Er hat im Voraus festgelegt, welche aufsteigen und welche stürzen sollten, und er hat ihre Grenzen festgelegt.

Apostelgeschichte 17,26

In der oben zitierten Bibelstelle ist davon die Rede, dass Gott Grenzen setzt. Das sollten wir auch tun. Wenn Sie in Ihrem Leben keine Grenzen haben, haben Sie auch keinen Schutz. Grenzen sind wie Zäune; sie halten unerwünschte Menschen und Dinge aus Ihrem Leben fern. Sie sorgen dafür, dass die Dinge klar umrissen sind anstatt schemenhaft. Viele Menschen haben Angst, Grenzen zu setzen, weil sie fürchten, andere zu verletzen oder zu verärgern. Wir dürfen nicht vergessen, dass Gott uns berufen hat, ihm nachzufolgen und klug zu leben. Wir sind nicht dazu berufen, uns von anderen Menschen vorschreiben zu lassen, was wir tun sollen, um sie glücklich zu machen. Natürlich wollen wir Menschen glücklich machen. Die Bibel sagt sogar, dass wir Opfer bringen sollten, um Gutes zu tun und mit anderen zu teilen (Hebräer 13,16). Aber wir müssen das im richtigen Zusammenhang und nicht einseitig verstehen.

Meine jüngste Tochter nimmt es mit ihrer Privatsphäre sehr genau. Sie bedeutet ihr sehr viel. Sie will nicht, dass irgendjemand, einschließlich ich, zu ihr kommt, ohne vorher anzurufen. Ich muss zugeben, dass ich mich daran erst einmal gewöhnen musste, aber an ihrer Bitte ist absolut nichts Falsches. Ich musste lernen, ihre Grenzen ohne negative Gedanken zu respektieren.

Kein Mensch ist wie der andere, und wir alle haben unterschiedliche Bedürfnisse. Meine älteste Tochter ist das genaue Gegenteil. Sie sagt: »Ihr könnt jederzeit zu uns kommen. Ihr müsst nicht vorher anrufen.« Aber in anderen Lebensbereichen steckt sie ihre Grenzen dafür enger als meine jüngste Tochter. Wir brauchen nicht nur unsere eigenen

Grenzen, sondern müssen auch die der anderen respektieren. Das ist eine Art, wie wir sie auch dazu bringen, unsere Grenzen zu respektieren. Wir werden vielleicht nicht immer verstehen, warum Menschen so sind wie sie sind, aber wir müssen ihr Recht respektieren, so zu sein wie sie sind.

Ohne Grenzen wird das Leben sehr kompliziert. Weil Einschränkungen und Regeln fehlen, wird unser Miteinander ein buntes Durcheinander. Wir werden oft das Gefühl haben, dass man uns ausnutzt, oder dass wir uns auf etwas eingelassen haben und etwas tun, das wir eigentlich nicht tun wollten. Nein zu sagen heißt, Grenzen zu ziehen.

Wir brauchen auch für uns selbst Grenzen. Wenn wir uns zum Beispiel einen hohen moralischen Standard für unser Leben setzen, so setzen wir damit Grenzen. Wir legen damit fest, was wir tun und was wir nicht tun werden. Wenn wir zu uns selbst und anderen immer Ja sagen, haben wir keine Grenzen, und unser Leben wird sehr unbefriedigend und kompliziert.

Wenn Sie selbst keine Grenzen kennen und nie gelernt haben, die anderer zu respektieren, ist das nicht nur unklug. Sie verpassen auch die Einfachheit des Lebens, die Sie sonst genießen könnten. Überlegen Sie sich, was Sie brauchen, um glücklich zu sein, und setzen Sie ihre Grenzen dementsprechend. Das ist nicht falsch; im Gegenteil, es ist äußerst klug.

19

Sich selbst kennen

»Sie müssen sich selbst kennen. Gehen Sie nicht davon aus, dass Sie ein wunderbarer Mensch sind, nur weil ihr Hund ihnen zu Füßen liegt.«

Ann Landers, Pseudonym einer Ratgeberkolumnistin

Jesus aber wusste [genau], dass der Vater ihm uneingeschränkte Macht über alles gegeben hatte und dass er von Gott gekommen war und zu Gott zurückkehren würde.

Johannes 13,3

Wenn wir nach diesem Vers in der Bibel weiterlesen, erfahren wir, dass Jesus sich das Tuch eines Dieners umband und seinen Jüngern die Füße wusch. Welche Demut und Größe hat er hier gezeigt! Ich bin überzeugt, dass einer der Gründe dafür, weshalb Jesus dies tun konnte, war, dass er sich selbst kannte. Er wusste wer er war, woher er kam und wohin er ging. Und Jesus wusste, wozu er gekommen war. Er war nicht im Geringsten unsicher, sondern vertraute auf seinen Vater im Himmel.

Viele Menschen wissen nicht, wer sie sind und verbringen deshalb ihr ganzes Leben damit, Dinge zu tun, zu denen sie nicht berufen sind, für die sie nicht ausgerüstet sind, und die sie deshalb nicht bewältigen werden. Wir müssen nicht nur wissen, was wir gut können, sondern auch, was wir *nicht* können. Das Tragischste, was ich als Arbeitgeberin beobachtet habe, waren Menschen, die nur aus Furcht Aufgaben taten, die sie nicht im geringsten forderten. Genauso traurig war es, Menschen zu sehen, die an Aufgaben festhielten, mit denen sie restlos überfordert waren. Dies konnten oder wollten sie sich aber nicht eingestehen.

Warum fällt es uns so schwer zu sagen: »Das ist nicht meine Stärke, und ich glaube nicht, dass ich das gut könnte«? Weil wir unsicher sind! Wir beziehen unser Selbstwertgefühl zu sehr aus dem, was wir tun, statt aus dem, wer wir in Christus sind. Wenn Sie ein Kind Gottes sind, ist das alles, was Sie an Position und Ansehen je brauchen werden.

Petrus war jemand, der sich selbst nicht gut kannte. Er hielt mehr von sich selbst als angebracht war. Er hatte Schwächen, die er sich nicht eingestehen wollte, und musste ein paar harte Lektionen über sich selbst lernen. Er dachte, er würde Jesus niemals verleugnen und hat es doch getan. Dadurch lernte er sich selbst kennen. Doch nachdem er es bereut hatte, berief Gott ihn neu und er wurde ein großer Apostel. Die Tatsache, dass wir Fehler und Schwächen haben, disqualifiziert uns nicht, denn Gottes Kraft zeigt sich in unserer Schwäche in ihrer ganzen Vollkommenheit. Aber wir können nicht darüber hinausgehen, was Gott uns an Fähigkeiten gegeben hat.

Ich erinnere mich an eine Frau - nennen wir sie einmal Jane -, die mich bat, für etwas zu beten, das sie beschäftigte. Eine Arbeitskollegin und Freundin war auf eine höhere Sekretärinnenstelle befördert worden und drängte Jane, sich ebenfalls um eine Beförderung zu bemühen. Jane hatte in einer Predigt von mir gehört, dass wir unser ganzes Potenzial entfalten sollten. Obwohl sie das Gefühl hatte, dass sie einer solchen Aufgabe nicht gewachsen war, fühlte sie sich durch ihre Freundin und meine Predigt gedrängt, es zu versuchen. Ich erklärte ihr, dass sie ihrem Herzen folgen müsse, und dass es nicht im Geringsten verkehrt war, auf ihrer Position zu bleiben, wenn sie den Eindruck hatte, dass Gott sie dort haben wollte. Diese Erkenntnis machte ihr das Leben leichter. Sie war nicht mehr verwirrt und ihr wurde klar, dass sie nicht in ständigem Wettbewerb mit anderen leben musste. Sie musste einfach nur wissen, wer sie war und ganz sie selbst sein.

20 Einfach glauben

»Der Glaube ist ein Überzeugtsein von Dingen, die wir nicht sehen, und die Belohnung für diesen Glauben ist, zu sehen, woran wir geglaubt haben.«

Kirchenvater Augustinus

Jesus erwiderte: »Habe ich dir nicht gesagt [und dir versprochen], dass du die Herrlichkeit Gottes sehen wirst, wenn du glaubst [und mir vertraust]?

Johannes 11,40

Glauben ist der schnellste Weg, sich das Leben leichter zu machen. Angst, Zweifel, Unglaube und zu viel Nachdenken machen das Leben kompliziert. Die Fähigkeit zu glauben, überwindet all das. Kleine Kinder glauben einfach, was man ihnen sagt. Wenn Eltern ihrem Kind sagen, dass sie ihm am Samstag ein neues Paar Schuhe kaufen werden, dann macht sich das Kind nicht die ganze Woche Sorgen, ob sie es wirklich tun werden. Es freut sich einfach nur auf Samstag. In unserer Beziehung zu Gott, sollten wir es genauso machen. Wir sollten ihm einfach vertrauen, oder wie es in Markus 5,36 heißt: *Glaube nur.*

Gott zu vertrauen, dass er für uns sorgen wird, ist nicht immer leicht. Leider gibt es keinen Knopf, auf den wir drücken können, um alle Zweifel auszuschalten. Es ist ein Wachstumsprozess. Während wir warten, müssen wir die Haltung des kleinen Kindes einnehmen: »Bald ist Samstag!« Statt enttäuscht aufzugeben, sollten Sie wissen, dass wir die Erfüllung von Gottes Verheißungen durch Glaube und Geduld erhalten. Sprechen Sie immer wieder von Gottes Versprechen, nicht von Ihrem Problem. Unsere negativen Gefühle machen unser Leben nur komplizierter. Aber wir müssen uns nicht aufreiben, während wir warten. Stattdessen liegt es an uns, freudig und erwartungsvoll zu bleiben. Wir können einfach glauben!

Wenn Sie das nächste Mal das Gefühl haben, dass das Leben so verworren ist, dass Sie am liebsten von der nächsten Brücke springen würden, sagen Sie einfach laut: »Ich glaube dir, Gott!« Sie müssen nur in der Bibel blättern, um seine Verheißungen zu finden. Er hat versprochen, Sie nie im Stich zu lassen (5. Mose 31,6) und Sie in allen Schwierigkeiten zu trösten (2. Korinther 1,3-4). Halten Sie also an diesen Versprechen fest und sagen sie voller Überzeugung: »Ich glaube dir, Gott.« Sie werden merken, wie Sie ruhiger werden und bereit sind zu tun, was auch immer Sie tun müssen. Vielleicht müssen Sie es sich mehrmals sagen, aber ich weiß aus Erfahrung, dass der Glaube eine ungeheure Wirkung auf die Seele hat. In der Bibel heißt es, dass Glaube uns mit Frieden und Freude erfüllt (Römer 15,13). Immer wenn ich traurig oder aufgebracht bin, schaue ich, wie es mit meinem Glauben steht. Dann finde ich sofort die Ursache meiner negativen Gefühle. Wenn ich bereit bin, meine Haltung zu korrigieren, wird alles deutlich besser. Gott sagt mir immer wieder, dass ich mein Leben einfacher, noch einfacher und noch einmal einfacher machen soll. Ich befinde mich auf einem Weg und hoffe, dass Sie inzwischen beschlossen haben, ihn mit mir gemeinsam zu gehen. Glauben Sie und machen Sie sich bereit, zu empfangen.

21 Verpflichtungen überdenken

»Wenn dir etwas nicht gefällt, verändere es; wenn du es nicht verändern kannst, verändere deine Gedanken darüber.«
Mary Engelbreit, amerikanische Kinderbuch-Illustratorin

Kommt alle her zu mir, die ihr müde seid und schwere Lasten tragt, ich will euch Ruhe schenken. [Ich will eure Seelen erleichtern und erfrischen.]

Matthäus 11,28

Jesus sagt, dass er uns Ruhe schenken will. Er lädt uns ein, zu ihm zu kommen, und vielleicht will er uns auch Gelegenheit geben, unsere Verpflichtungen zu überdenken. Er will, dass wir herausfinden, was überflüssig ist und es dann ablegen. Jedes Mal, wenn wir das Gefühl haben, dass das Leben die Einfachheit, die es haben sollte, verloren hat und stattdessen belastend und schwer geworden ist, sollten wir diese Lasten zu Jesus bringen. Es ist nicht Gottes Absicht, dass wir vom Leben ausgelaugt und ermüdet werden. Wir sind keine Maultiere, die ihr ganzes Leben lang Lasten tragen. Wir sind Gottes Kinder. Er hat uns mit Jesu Blut das Recht auf Frieden und Freude erkauft.

Das Leben ändert sich ständig. Um zu wachsen, müssen auch wir uns ändern, und unsere Verpflichtungen müssen sich den Veränderungen in unserem Leben anpassen. Meine jüngste Tochter, Sandra, war fünfzehn Jahre in unserem Mitarbeiterteam. Sie ist mit mir herumgereist, hat unseren Hilfsdienst geleitet und viele andere Dinge getan, die ihr Spaß gemacht haben. Als sie die Sehnsucht verspürte, Kinder zu bekommen, dachte sie, sie könnte weiterhin mitarbeiten, zumindest auf Teilzeitbasis. Zu ihrer großen Überraschung bekam sie Zwillinge, und es dauerte nicht lange, bis sie in Tränen ausbrach, weil ihr Leben zu kompliziert geworden war. Sie wusste, dass sie vor der schweren Entscheidung stand, für einige Jahre ganz aufzuhören. Diese Entscheidung wirkte sich auch sehr stark auf die finanzielle Situation ihrer Familie aus. Zudem wollte sie nicht von unserer Arbeit ausgeschlossen sein. Ich habe großen Respekt vor ihr, weil ihr ein friedliches, einfaches Leben mehr wert war als Geld und ihr Beruf. Ich bin überzeugt, dass Gott sie auf ganz besondere Weise segnet, weil sie diese schwere Entscheidung getroffen hat.

Ich glaube, wir verpassen viel von Gottes Segen, weil wir nicht bereit sind, unsere Verpflichtungen neu zu überdenken, und Dinge, die Gott schon längst abgeschlossen hat, oder die fruchtlos sind, zu streichen. Nur weil Sie eine Sache schon immer getan haben, heißt das nicht, dass Sie sie auch weiter tun sollen. Wir geraten so leicht in einen Trott und sind dann aus keinem anderen Grund gelangweilt, als dass wir ein und dieselbe Sache schon zu lange machen und Veränderung brauchen.

Es ist leicht, Dinge zu streichen, die man nicht tun *will*. Aber was ist, wenn Gott von Ihnen verlangt, dass Sie etwas loslassen, von dem Sie sich noch nicht trennen wollen? Vielleicht ist es etwas, das Sie mit ins Leben gerufen und aufgebaut haben und dem sie sich sehr verbunden und verpflichtet fühlen? Wären Sie bereit, etwas loszulassen, das Ihnen immer noch Freude macht, um Gott gehorsam zu sein und Ihr Leben zu vereinfachen? Gehorsam ist nicht immer leicht. Meistens bedeutet es, dass wir unsere Pläne für Gottes Pläne opfern müssen. Manchmal verstehen wir nicht warum, aber gerade dann müssen wir ihm vertrauen und weitergehen. Gott wird nie etwas von uns verlangen, durch das unser Leben nicht letzten Endes besser wird. Scheuen Sie sich nicht, Ihre Verpflichtungen regelmäßig zu überdenken und die notwendigen Veränderungen vorzunehmen, um Ihr Leben einfach zu halten.

22 Prioritäten setzen

»Setzen Sie Prioritäten, um Ihre Ziele zu erreichen. Ein wesentlicher Aspekt eines erfolgreichen Lebens ist, das Wichtigste an die erste Stelle zu setzen. Der Hauptgrund, weshalb viele große Ziele nicht erreicht werden ist, dass wir weniger Wichtiges zuerst tun.«

Robert J. McKain, Autor

Sie [die Weisheit] steht auf den Hügeln und an den Kreuzwegen. Bei den Stadttoren am Eingang der Stadt ruft sie laut.

Sprüche 8,2-3

Auf unserer Reise durchs Leben müssen wir zwangsläufig viele Entscheidungen treffen. Wenn wir uns dabei von unseren Gefühlen oder Wünschen leiten lassen, werden wir immer in Schwierigkeiten kommen. Gott will, dass wir kluge Entscheidungen treffen. Bei dem oben zitierten Bibelvers stelle ich mir vor, wie die Weisheit an jeder Wegkreuzung und an jedem Punkt der Entscheidung in unserem Leben steht und laut ruft: »Folge mir!«

Ich glaube, Weisheit ist, wenn man jetzt Entscheidungen trifft, mit denen man später glücklich wird. Das ist nicht immer leicht, weil es vielleicht verlangt, dass wir etwas, das wir sofort haben könnten, opfern, damit wir später etwas Besseres bekommen. Geldanlagen sind ein gutes Beispiel dafür. Wenn man Geld anlegt, kann man es jetzt nicht ausgeben. Dafür vermehrt es sich aber mit der Zeit, so dass man später mehr Geld hat. Viele Menschen haben im Alter keine Rücklagen mehr, um ihren Lebensunterhalt zu bestreiten, weil sie ihre Wünsche ihr ganzes Leben lang sofort befriedigt haben. Das ist zwar verständlich, aber nicht klug. Es war eine hauptsächlich von Gefühlen geleitete Entscheidung. Sie haben sich für das entschieden, was sich im Augenblick gut anfühlte, auf Kosten dessen, was sich langfristig noch besser angefühlt hätte.

Um Ihre persönlichen Prioritäten zu setzen, muss Ihnen bewusst sein, dass das, was andere tun, nicht notwendigerweise auch das Richtige für Sie ist. Sie müssen Ihr eigenes Leben leben und sich dabei vom Heiligen Geist leiten lassen. Haben Sie den Mut, anders zu sein, wenn es für Ihren persönlichen Frieden notwendig ist. Führen Sie das gute Leben, das Gott schon für Sie vorbereitet hat.

Sie müssen Ihre Prioritäten nummerieren. Es muss eine erste, eine zweite, dritte usw. Priorität geben. Unsere erste Priorität, zum Beispiel, sollte immer unsere Beziehung zu Gott sein. Ihn sollten wir zuerst in unseren Zeitplan eintragen, und dann alles andere darum herum organisieren. Wenn wir das nicht machen, werden wir feststellen, dass das Leben immer komplizierter und chaotischer wird. Wenn wir uns nicht von Gott leiten lassen, kann das Leben außer Kontrolle geraten.

Wir brauchen gar nicht vorgeben, wir hätten für etwas keine Zeit, denn wir *nehmen* uns Zeit für die Dinge, die uns wichtig sind. Wenn Sie eine bestimmte Sache nicht machen, dann heißt das, dass sie keine hohe Priorität in Ihrem Leben hat. Vielleicht ist das auch nicht nötig, aber wenn doch, dann müssen Sie einiges umorganisieren und Ihre Prioritäten neu ordnen. Prioritäten kann man nicht ein für alle Mal ordnen, so dass sie nie wieder verändert werden. Das müssen wir immer wieder machen.

In unserem Leben gibt es viele Dinge, die um unsere Aufmerksamkeit wetteifern. Da kann man leicht abgelenkt werden und die Prioritäten durcheinander werfen. Die Antwort auf durcheinander geratene Prioritäten ist ganz einfach: Wir müssen uns Zeit nehmen und uns die richtigen Fragen stellen. Was hat für mich Priorität? Machen Sie eine Liste mit allem, was Ihnen wirklich wichtig ist, und benutzen Sie diese Liste, wenn Sie im Alltag Entscheidungen treffen müssen. Wer Prioritäten setzt, hat es leichter.

23 Nicht jeder Kampf lohnt sich

»Langfristig gesehen, prägen wir unser Leben und uns selbst. Dieser Prozess dauert bis zu unserem Tod. Und für die Entscheidungen, die wir treffen, tragen letztendlich wir selbst die Verantwortung.«

Eleanor Roosevelt, Ehefrau von F. D. Roosevelt

Doch ihr werdet diese Schlacht nicht kämpfen müssen. Geht in Stellung; dann verhaltet euch still und seht, wie der Herr siegt. Er ist mit euch, Einwohner Judas und Jerusalems.

2. Chronik 20,17

Oft scheint ein einfaches Leben unerreichbar, weil so viele Probleme und Herausforderungen auftauchen. Prüfungen und Schwierigkeiten kommen auf uns zu, aber es kommt darauf an, *wie* wir damit umgehen. In unserem Leben gibt es viel zu viele Kämpfe, um jeden auszufechten. So müssen wir genau überlegen, an welcher Front es sich zu kämpfen lohnt. Vieles sollte man besser einfach ruhen lassen. Das Gebet und die Zeit verändern eine Menge Dinge. Wenn wir nur eine Weile warten, kann uns das schon den einen oder anderen Kampf ersparen. Wenn Sie vor einer Herausforderung stehen, reagieren Sie nicht sofort. Lassen Sie sich Zeit, um darüber nachzudenken. Warten Sie ein paar Tage mit Ihrer Entscheidung. Lassen Sie sich Zeit, um die verschiedenen Möglichkeiten abzuwägen und eine kluge Entscheidung zu treffen.

Gott hat König Joschafat gesagt, dass er und seine Männer diesen Kampf nicht kämpfen mussten (2. Chronik 20,17-22), aber bei anderen Gelegenheiten hat er sein Volk sehr wohl zum Kampf aufgefordert. Wir müssen auf Gott hören und überlegen, an welchen Fronten wir kämpfen sollen. Viele Jahre habe ich mich auf jeden nur möglichen Kampf eingelassen. Ich war stolz darauf, keiner Konfrontation auszuweichen, musste aber schließlich feststellen, dass es oft mehr Mut erfordert, Gottes Wegweisung abzuwarten, als nach eigenem Ermessen zu kämpfen.

Gott hat Joschafat befohlen, ihn anzubeten, zu singen, ihn zu loben und auf seine Weisung zu warten. Als Joschafat gehorchte, verwirrte das den Feind und er zerstörte sich selbst. Haben Sie sich angewöhnt, zu beten und nachzudenken bevor Sie kämpfen? Oder stürzen Sie sich einfach in den Kampf und wundern sich dann, weshalb das Leben so kompliziert und nervenaufreibend ist? Haben Sie sich schon einmal gefragt, weshalb Sie ständig irgendetwas um die Ohren haben? Wenn es so ist, sollten Sie vielleicht einfach aufhören, sich mit allem, was Ihnen über den Weg läuft, auseinanderzusetzen. Manches erledigt sich von selbst, wenn man nur ein bisschen Geduld hat. Bitten Sie Gott um Weisheit, zu erkennen, welche Probleme mit der Zeit immer größer werden und welche schrumpfen und schließlich von alleine verschwinden werden.

24

Vergeben

»Vergebung rechtfertigt nicht den anderen, sie befreit uns selbst.«

Stormie Omartian, Autorin

Wenn ihr denen vergebt, die euch Böses angetan haben, wird euer himmlischer Vater euch auch vergeben.

Matthäus 6,14

Am schnellsten macht man sein Leben kompliziert, indem man verletzlich und nachtragend ist. Gott sagt nicht ohne Grund in seinem Wort, dass wir bereit sein sollen zu vergeben (vgl. Jakobus 1,19). Er möchte, dass wir in Frieden leben. Doch das ist nicht möglich, wenn wir wütend und verbittert sind oder grollen. Nicht zu vergeben ist wie eine Säure, die sich langsam durch den Behälter frisst, in dem sie sich befindet.

Gott schafft uns Recht, und er hat versprochen, mit unseren Feinden abzurechnen, wenn wir ihm nur vertrauen. Er hat gesagt, wir sollen für die beten, die uns verletzt haben, statt wütend auf sie zu sein. Wenn wir das tun, handelt Gott an der Person, die uns Unrecht getan hat. Wir tun uns sogar etwas Gutes, wenn wir vergeben, denn das befreit uns aus dem Gefängnis unseres inneren Aufruhrs und macht unser Leben sehr viel einfacher. Wenn wir innerlich aufgebracht und verwirrt sind, hat das negative Auswirkungen auf unser tägliches Leben.

Ich habe für mich beschlossen, dass ich weder die Zeit noch die Kraft habe, wütend zu sein. Ich will mein Leben genießen, und das geht nicht, wenn ich zulasse, dass die Entscheidungen anderer meine innere Haltung bestimmen. Ich kann Sie nur ermutigen, hier und jetzt zu beschließen, bereit zu sein zu vergeben. Je schneller Sie einem Menschen, der Sie verletzt hat, vergeben, umso einfacher wird es beim nächsten Mal. Lassen Sie es nicht zu, dass die Wut in Ihnen gärt und Bitterkeit in Ihnen aufsteigt und nicht nur Sie selbst, sondern auch andere um Sie herum vergiftet.

Wenn wir die Wut in uns behalten, lassen wir es zu, dass wir sie schließlich auch an anderen Menschen auslassen, die mit dem ursprünglichen Vergehen gar nichts zu tun haben. Ich war jahrelang verbittert, weil mein Vater mich missbraucht hat. Meistens musste mein Mann, Dave, darunter leiden, der damit absolut nichts zu tun hatte. Gott hat mir beigebracht, nicht länger die Schulden anderer von Menschen einzutreiben, die mir nichts schuldig waren.

Wenn wir verletzt sind, nützt es nichts, wenn wir versuchen, die Schuld von anderen einzufordern. Gott hat versprochen, uns zu entschädigen und uns letzten Endes für das, was wir durchgemacht haben, vielfältig zu segnen, wenn wir uns an seine Weisungen halten (Jesaja 61,7). Gott vergibt uns immer wieder all unsere Sünden und erwartet von uns, dass wir das Gleiche mit anderen Menschen tun.

Wenn Sie beschließen, jemandem zu vergeben, dann werden sich Ihre Gefühle dieser Person gegenüber nicht immer sofort ändern. Aber ich bin überzeugt davon: Wenn ich tue, was in meiner Macht liegt, dann wird Gott tun, was nicht in meiner Macht liegt. Ich kann mich entscheiden, Gottes Wort zu gehorchen, aber nur Gott kann meine Gefühle ändern. Wenn wir ein bisschen Geduld haben, werden sich unsere Gefühle immer unseren Entscheidungen anpassen.

25 Kümmern Sie sich um Ihre Angelegenheiten

»Ich erinnere mich, wie ein kluger Freund einmal zu mir gesagt hat: 'Jedermanns Angelegenheiten sind niemandes Angelegenheiten.‹«

Izaac Walton, britischer Autor des 17. Jhd.

Bestelle, Herr, eine Wache für meinen Mund! Wache über die Tür meiner Lippen!

Psalm 141,3 (ELB)

Die Bibel ist voller guter Ratschläge für unser tägliches Leben. So fordert sie uns zum Beispiel auf, uns um unsere eigenen Angelegenheiten zu kümmern (1. Thessalonicher 4,11). Zu allem und jedem seine Meinung sagen zu müssen, ist ein Anzeichen für Stolz und führt unweigerlich zu Beziehungsproblemen.

Mein Mann und ich sprachen einmal über einen Mann in unserer Nachbarschaft, der in einem ziemlich großen Haus lebte. Wir fragten uns, warum er als alleinstehender Mann wohl so viel Platz brauchte. Wir vermuteten, dass er das Haus als Geldanlage gekauft hatte, waren aber der Ansicht, dass es für ihn vielleicht besser gewesen wäre, in Aktien zu investieren, statt sich so ein großes Haus zu kaufen, um das er sich jetzt kümmern musste. Damals brachte mir Gott bei, dass ich mich um meine eigenen Angelegenheiten kümmern sollte. Plötzlich wurde mir bewusst, dass Dave und ich im Auto über die Finanzen eines Mannes sprachen, den wir nicht einmal kannten! Als mir klar wurde, wie lächerlich das war, erkannte ich auch, wie oft wir unsere Meinung zu Dingen äußern, die uns nicht im Geringsten etwas angehen.

Wir haben alle genug Dinge um die Ohren, um die wir uns zu kümmern haben. Wir müssen uns nicht auch noch in anderer Leute Angelegenheiten mischen. Wenn Sie schnell voreingenommen sind, dann beten Sie einfach, dass die anderen Gottes Weisungen folgen mögen, und kümmern Sie sich dann nicht weiter darum.

Ich sage oft zu mir selbst: »Joyce, das geht dich nichts an.« Das hilft mir sehr, meine eigene Haltung zu korrigieren. Überlegen Sie einmal, welchen Sinn es hat, eine Meinung zu etwas zu haben, das absolut nichts mit Ihnen zu tun hat! Gar keinen. Wir sind dann nur mit Dingen beschäftigt, die niemals zu etwas führen werden. Entscheiden Sie sich, Gottes Wort zu gehorchen, und halten Sie sich aus den Angelegenheiten anderer heraus. Sie werden sich wundern, wie erleichtert Sie sich fühlen werden.

26

Gnädig sein

»Ein undankbares Herz findet keine Gnade; aber das dankbare Herz empfängt jederzeit den Segen des Himmels.«

Harriet Beecher Stowe, Schriftstellerin
(Onkel Toms Hütte)

Wer freundlich zu anderen ist, hilft sich selbst damit [weil seine guten Taten als Segen zu ihm zurückkehren]; der Unbarmherzige schneidet sich ins eigene Fleisch.

Sprüche 11,17 (HFA)

Gnädig mit anderen zu sein, ist eine weitere Art, das Leben leichter zu machen, mehr Frieden und bessere Beziehungen zu erleben. Gott sagt in seinem Wort, unser Verhalten soll von »Mitleid *und* Erbarmen« geprägt sein (Kolosser 3,12). Wir sollen freundlich und geduldig sein und bereit zu vergeben. Hartherzig, gesetzlich und kleinlich zu sein, schadet uns nur selbst und wir machen uns keine Freunde damit.

Gnade kann man nicht verdienen. Sie ist ein Geschenk, das man bekommt, obwohl man es nicht verdient hat. Gott ist gnädig, und nur Dank seiner großen Gnade werden wir nicht von unseren eigenen Sünden erdrückt (vgl. Klagelieder 3,22). Gott verlangt niemals von uns, dass wir anderen etwas geben sollen, was wir nicht haben. Deshalb schenkt er uns zuerst seine Gnade und erwartet dann von uns, dass wir sie großzügig an andere weitergeben. Seien Sie ein Geber und gehen Sie großzügig mit Gnade um.

Wenn wir uns nicht bewusst dazu entschließen, gnädig zu sein, bleibt uns meistens nichts anderes übrig, als wütend zu sein. Die Menschen sind nun einmal nicht vollkommen und wo auch immer Sie hinschauen, werden sie Fehler entdecken. Wir müssen verstehen, dass nicht nur wir es mit Menschen zu tun haben, die uns verärgern, sondern dass diese Menschen es auch mit uns zu tun haben. Wir sehen uns meist nicht so, wie die anderen uns sehen. Wir halten uns selbst vielleicht für absolut vorbildlich, aber ich versichere Ihnen, dass das nicht stimmt. In der Bibel heißt es sogar, dass wir andere für das verurteilen, was wir selbst tun (Römer 2,1). Wir sehen uns selbst durch die rosa-rote Brille, andere aber durch eine Lupe. Für unser eigenes Fehlverhalten haben wir immer eine Entschuldigung, aber für andere gibt es keine Entschuldigung.

Gnädig zu sein heißt, Mitleid zu haben und ernsthaft um andere besorgt zu sein. Das fällt uns nicht bei allen leicht, aber es ist trotzdem wichtig. Gnade macht die Seele sanft. Wenn wir anderen Menschen gnädig sind, erinnert uns das selbst daran, wie gut es tut, Gnade zu erfahren.

Wenn wir uns bemühen, gnädig zu sein, ist das nicht nur gottgefällig, sondern wir sparen uns selbst auch viel Aufregung. Gottes Wege sind immer einfach und friedvoll. Er fordert uns auf, gnädig zu sein, weil er auch gnädig mit uns ist. Es scheint vielleicht nicht immer gerecht, jemandem gegenüber gnädig zu sein, wenn wir meinen, derjenige verdiene Strafe, aber letzten Endes finden wir auf Gottes Wegen immer eine Belohnung.

27

Nicht richten

»Wer andere richtet, hat keine Zeit mehr, sie zu lieben.«
Mutter Theresa

Redet nicht schlecht übereinander, liebe Freunde! Wer einen anderen verleumdet und verurteilt, verleumdet und verurteilt das Gesetz Gottes. Aber eure Aufgabe ist es nicht, das Gesetz zu richten, sondern dem Gesetz zu gehorchen.

Jakobus 4,11

Wenn wir jemanden richten, sprechen wir ein Urteil über diese Person. Doch dazu hat nur Gott das Recht. Als Definition für »richten« habe ich einmal gehört, »sich selbst zu Gott machen«. Ich glaube nicht, dass irgendjemand diese Aufgabe wirklich übernehmen will. Es ist sehr leicht, nach einem kurzen Blick auf jemanden oder eine Situation schnell ein Urteil zu fällen, ohne die Person oder Situation wirklich zu kennen. Aber Gott weiß nicht nur, was jemand tut, sondern auch warum. Wir richten nach dem äußeren Schein, aber Gott sieht das Herz an.

Als einige Schriftgelehrte eine Frau wegen Ehebruch steinigen wollten, sagte Jesus zu ihnen, wer von ihnen ohne Schuld sei, solle den ersten Stein werfen. Nachdem sie über seine Worte nachgedacht hatten, ließen alle ihre Steine fallen und gingen, einer nach dem anderen. Wer von uns kann sagen, dass er ohne Schuld ist? Wie können wir dann andere so schnell für ihre Fehler verurteilen? Wir können die Sünde selbst verurteilen, aber wir können das Herz eines anderen nicht beurteilen. Je mehr wir in der Bibel lesen, desto schneller werden wir falsches Verhalten erkennen. Deshalb sollten wir uns aber nicht angewöhnen, alle zu verurteilen, die sich nicht so verhalten, wie sie es sollten. Wir müssen Gottes Wort gehorchen und »wachen und beten«. Nicht wachen und richten, sondern wachen und beten. Behandeln Sie andere so, wie Sie selbst behandelt werden möchten, und das Leben wird viel einfacher.

Jedes Mal, wenn wir richten, sei es im positiven wie im negativen

Sinn, streuen wir eine Saat aus, deren Früchte wir in unserem eigenen Leben ernten werden. Wenn wir kritisch und gnadenlos sind, werden wir in gleicher Weise behandelt werden. Aber wenn wir gnädig sind, werden wir auch Gnade finden. Wir haben in uns die Fähigkeit, andere zu lieben, und sollten es tun, weil das das wichtigste Gebot ist, das Jesus uns gegeben hat. Er hat gesagt, »So wie ich euch geliebt habe, sollt auch ihr einander lieben« (Johannes 13,34 und 15,12).

Andere schnell zu verurteilen, ist ebenfalls ein Anzeichen von Stolz. Doch die Bibel lehrt, dass Hochmut immer vor dem Fall kommt, aber Demut immer der Ehre vorausgeht (Sprüche 18,12). Wenn wir auf Schwierigkeiten aus sind, müssen wir nur weiterhin andere richten. Aber wenn wir Ehre wollen, müssen wir demütig sein. Wir haben die Wahl.

28 Entscheidungsfreudig sein

»Die entscheidendsten Handlungen in unserem Leben - die, die wahrscheinlich unser ganzes Leben bestimmen - bedenken wir oft nicht lange.«

André Gide, Literatur-Nobelpreisträger

Weil Gott so barmherzig ist, fordere ich euch nun auf, liebe Brüder, euch [entschlossen] mit eurem ganzen Leben für Gott einzusetzen. Es soll ein lebendiges und heiliges Opfer sein - ein Opfer, an dem Gott Freude hat. Das ist ein Gottesdienst, wie er sein soll.

Römer 12,1

Unentschlossenheit ist eine sehr unangenehme Haltung und ganz bestimmt kein Kennzeichen eines einfachen Lebensstils. Wer einfach leben will, betet, bittet um Weisheit und trifft dann eine Entscheidung. Da gibt es kein leeres Geschwätz. Wenn es keinen sehr triftigen Grund gibt, eine getroffene Entscheidung zu ändern, bleibt man dabei. Jakobus schrieb, dass wer zweifelt, auf all seinen Wegen unbeständig ist und nicht erwarten darf, dass er von Gott etwas empfängt. Wie soll Gott uns etwas geben, wenn wir uns nicht entscheiden können, was wir eigentlich wollen?

Unsichere Menschen können sich nicht entscheiden, weil sie immer Angst haben, die falsche Entscheidung zu treffen. Sie haben ein geringes Selbstwertgefühl und trauen sich nicht zu, etwas richtig zu machen. Auch Perfektionisten haben Schwierigkeiten bei Entscheidungen, weil sie nicht das Risiko eingehen wollen, einen Fehler zu machen. Jeder entscheidungsfreudige Mensch trifft auch dann und wann eine falsche Entscheidung, aber insgesamt trifft er mehr richtige als falsche Entscheidungen. Ich sage immer: »Ein stehendes Auto kann man nicht lenken.« Manche Menschen stehen in ihrem Leben schon so lange auf der gleichen Stelle, dass sie jede Orientierung verloren haben und bei jeder Entscheidung total verwirrt sind. Bei Gott gibt es nur eine Richtung: vorwärts. Es gibt keinen Rückwärtsgang und geparkt wird auch nicht. Manchmal müssen wir etwas tun, damit wir nicht auf der Stelle treten.

Geben Sie sich Mühe, eine gute Entscheidung zu treffen, und vertrauen Sie dann auf Gottes Hilfe, falls Sie einen Fehler gemacht haben. Er kennt Ihr Herz und erwartet nicht mehr als das, was Sie mit Ihrem Wissen tun können. Mit jeder Entscheidung und jedem Schritt vorwärts in Ihrem Leben, sammeln Sie mehr Erfahrung. Manchmal lernt man aus richtigen Entscheidungen. Und manchmal weiß man hinterher, dass man das nie wieder tun sollte. Es macht nichts, wenn das Ergebnis nicht immer perfekt ist. Kein Kind lernt laufen, ohne dabei unzählige Male hinzufallen. Wenn Kinder sitzen blieben, aus Angst wieder hinzufallen, würden sie nie laufen lernen. Sie müssen immer wieder aufstehen und es noch einmal versuchen. Schon bald können sie trotz des schwierigen Anfangs nicht nur gehen, sondern sogar rennen.

Entscheiden Sie sich heute, entscheidungsfreudiger zu werden. Sie werden sehen, wie viel Unrat Sie dann aus Ihrem Leben entfernen können. Und schon bald werden Sie rennen, statt unentschlossen auf einem Fleck stehen zu bleiben.

29 Erst denken, dann reden

»Fragen Sie sich, bevor Sie etwas sagen, ob das, was Sie sagen wollen wahr, freundlich, notwendig und hilfreich ist. Wenn die Antwort Nein lautet, sollte das, was Sie sagen wollen, vielleicht besser ungesagt bleiben.«

Bernard Meltzer, amerikanischer Radio-Moderator

Wer seine Zunge im Zaum hält, wird lange leben; wer aber unbedacht redet, der rennt in sein eigenes Verderben.

Sprüche 13,3

Ich habe mich in meinem Leben oft in schwierige Situationen gebracht, weil ich nicht nachgedacht habe, bevor ich den Mund aufgemacht habe. Mit den Jahren habe ich dazugelernt und bin auf diesem Gebiet klüger geworden. Aber ich mache immer noch Fehler und muss mir selbst immer wieder vorsagen: ERST DENKEN, DANN REDEN.

Jakobus schreibt, die Zunge ist ein unbeherrschbares Übel (Jakobus 3,8). Wenn wir sie nicht unter Kontrolle bekommen, kann sie viele Probleme entfachen, wie ein kleiner Funke, der einen großen Waldbrand auslöst. Worte haben Macht, zum Guten wie zum Bösen. Wenn wir aus unserer sündigen Natur heraus sprechen, statt aus Gottes Geist, entfalten die Worte eine negative Macht. Der Verfasser der Sprüche schrieb, dass die Zunge töten oder Leben spenden kann (Sprüche 18,21). Das ist eine starke Aussage, die wir ernst nehmen sollten.

Der Mensch kann die unterschiedlichsten Tiere zähmen, aber die Zunge können wir ohne Gottes Hilfe nicht unter Kontrolle bekommen. Wir müssen genau auf das hören, was uns der Heilige Geist in unserem Innern zuflüstert und sofort aufhören zu sprechen, wenn wir eine Warnung hören, dass wir in die falsche Richtung gehen. Noch besser wäre es, den Mund ohne Gottes Zustimmung gar nicht erst aufzumachen. Oft möchte ich mit meinem Mann über etwas reden, spüre aber, dass es nicht der richtige Zeitpunkt ist. Jahrelang habe ich diese inneren Hinweise ignoriert und einfach geredet, wenn mir danach war. Immer hat mein Mund mein Leben kompliziert gemacht. Ich habe beschlossen, weniger zu reden und genauer hinzuhören, aber ich muss zugeben, dass ich es nicht ohne Hilfe schaffe. Wie wäre es, wenn Sie für mich beten und ich bete für Sie? Lassen Sie uns gemeinsam glauben, dass Gott uns die Gnade schenkt, auf seine Weisheit zu hören und erst nachzudenken, bevor wir reden.

30

Gott gefallen

»Der sicherste Ort der Welt ist der Wille Gottes.«

Quelle unbekannt

Wie ihr seht, geht es mir nicht darum, Menschen zu gefallen! Nein, ich versuche, Gott zu gefallen. Wollte ich noch Menschen gefallen, wäre ich kein Diener von Christus.

Galater 1,10

Mit diesem Vers sagt der Apostel Paulus, dass er niemals ein Apostel Jesu Christi geworden wäre, wenn er versucht hätte, bei den Menschen beliebt zu sein. Der Druck, Menschen zu gefallen, baut eine Wand zwischen uns und Gott auf, so dass wir ihm nicht gefallen und unser von ihm bestimmtes Ziel im Leben nicht erfüllen können.

Das Verlangen nach Anerkennung ist normal. Viele machen schon sehr früh im Leben die Erfahrung, abgelehnt zu werden. Ganz gleich, wer uns ablehnt - Eltern, Geschwister, Lehrer, Freunde - es tut weh. Diese schmerzhafte Erinnerung bringt uns dazu, diese Erfahrung künftig um jeden Preis zu meiden. Aus Angst, abgelehnt zu werden, reagieren wir nicht überlegt, sondern aus unserem Gefühl heraus. Dem Gefühl zu folgen heißt, das zu tun, was sich im Moment gut anfühlt. Überlegt zu reagieren heißt, das zu tun, was langfristig positive Auswirkungen für uns hat. Gefühle drängen uns dazu, alles zu tun, um Schmerz und Unbehagen zu vermeiden.

Jahrelang habe ich mich von anderen bestimmen lassen, bis ich schließlich dahinter kam, dass sie nicht um mein Wohlergehen besorgt waren. Sie haben mich nur zu ihrem eigenen Wohl benutzt, waren aber nicht im Geringsten an meinem Glück interessiert. Als Gott mich berief, ganz im christlichen Dienst zu arbeiten, wandten sich all diese Menschen, die ich für meine Freunde gehalten hatte, von mir ab. Ich tat nicht mehr das, was ihnen gefiel, also brauchten sie mich nicht mehr. Ich war tief verletzt und fühlte mich sehr einsam, aber ich bin dankbar, dass Gott mir die Kraft gegeben hat, mich für ihn zu entscheiden, statt für die Menschen.

Bei dem Gedanken, dass ich jetzt immer noch ein oberflächliches Leben hinter einer Maske führen könnte und versuchen würde, Menschen zu gefallen, die sich nicht wirklich für mich interessieren, läuft mir ein Schauer über den Rücken. Echte Freunde werden Ihnen helfen, Ihr volles Potenzial für Gott zu entwickeln. Sie werden Sie nicht ausnutzen und dann fallenlassen, wenn Sie nicht mehr das tun, was die anderen wollen. Zu versuchen, es jederzeit allen recht zu machen, wird Ihr Leben ungeheuer kompliziert machen, weil jeder etwas anderes von Ihnen erwartet. Wenn Sie Ihre ganze Zeit und Kraft dafür aufwenden, es anderen recht zu machen, gehen Sie das Risiko ein, sich dabei selbst zu verlieren. Vergessen Sie niemals, dass Gott immer an erster Stelle in Ihrem Leben stehen muss. Er hat versprochen, Sie niemals im Stich zu lassen, auch wenn alle anderen sich von Ihnen abwenden.

31 Keine Schuldgefühle mehr

»Durch Mitgefühl wird mehr Unrecht korrigiert als durch Verurteilung.«

Henry Ward Beecher, Prediger, Bruder von Harriet Beecher Stowe

Also gibt es jetzt für die, die zu Christus Jesus gehören [die nicht nach ihrer menschlichen Natur leben, sondern nach dem Heiligen Geist], keine Verurteilung mehr.

Römer 8,1

Schuldgefühle gehen oft mit Scham und einem schlechten Gewissen einher und drücken nieder. Man sagt zum Beispiel: »Jane hat ihre Termine durcheinander gebracht und ist nicht zur Klassenfahrt erschienen. Jetzt ist sie ganz bedrückt und schämt sich.«

Jesus ist aber gekommen, um uns innerlich wieder aufzurichten, nicht um uns niederzudrücken. Der Teufel will uns bedrücken und unten halten. Er gibt uns Schuldgefühle. Jesus bringt dagegen Vergebung und rehabilitiert uns. Der Teufel stiftet Verwirrung und macht alles kompliziert. Jesus bringt Einfachheit in ihrer reinsten Form. Jedes Mal, wenn wir sündigen, überführt uns der Heilige Geist, der Teufel dagegen bringt ein Gefühl der Verdammnis. Diesen Unterschied muss man kennen. Der Heilige Geist will uns dazu bringen, unsere Schuld einzugestehen und Buße zu tun. Verdammnis ist dagegen ein unbestimmtes Schuldgefühl, das uns schwächt und uns in einem Kreislauf der Sünde festhält.

Wir dürfen diese Art von Schuldgefühlen nicht zulassen. Sie nehmen ja auch kein Gift, wenn es Ihnen jemand anbietet. Warum also sollten sie Schuldgefühle annehmen, wenn die Bibel ganz klar davon spricht, dass wir davon durch Jesus Christus frei sind? Jesus hat den Preis für unsere Sünde bezahlt, indem er am Kreuz gestorben und von den Toten auferstanden ist. Wenn wir an ihn glauben und ihn als unseren Retter angenommen haben, dann sind wir frei von der Macht der

Sünde (Römer 6,7-8). Diese Macht der Sünde sind nach meiner Überzeugung die Schuldgefühle.

Da wir immer wieder sündigen und Fehler machen, kann unser Leben überhaupt nicht einfach sein, wenn wir dazu verdammt sind, jedes Mal Schuldgefühlen, Druck und Scham zu erliegen. Gott sei Dank hat er uns durch Jesus Christus davon befreit und bietet uns ein einfaches Leben voller Friede und Freude an. Es steht schon für Sie bereit. Sie müssen nur an Jesus glauben und sein Angebot annehmen.

32

Mutig leben

»Mut ist der Widerstand gegen die Angst, das Besiegen der Angst, nicht ihre Abwesenheit.«

Mark Twain, engl. Schriftsteller

Der Herr ist mein Licht und mein Heil - vor wem sollte ich mich fürchten? Der Herr beschützt mich vor Gefahr - vor wem sollte ich erschrecken?

Psalm 27,1

Angst ist nie einfach. Sie quält und hindert uns daran, vorwärts zu gehen. Sie ist eines der größten Hindernisse, das der Teufel den Menschen in den Weg legt, um sie davon abzuhalten, Gottes Willen zu tun. Es gibt vieles, wovor wir Menschen uns fürchten. Wir haben Angst vor anderen Menschen, der Vergangenheit, der Zukunft. Angst, auf etwas verzichten zu müssen, Opfer bringen zu müssen. Angst vor Höhe, Aufzügen, Wasser, Krankheitskeimen. Zu allem, was man sich nur vorstellen kann, gibt es jemanden, der Angst davor hat. Man kann Angst haben, aber man muss sich nicht von ihr beherrschen lassen. Wir können alles tun, was wir wollen oder müssen, auch wenn wir es mit Furcht tun. Mut ist nicht die Abwesenheit von Angst, sondern das Handeln trotz Angst.

Wenn Gott uns eine Aufgabe gibt, gibt er uns auch alles, was wir brauchen, um sie zu erledigen. Er gibt uns die Fähigkeit, hilft uns, gibt uns die finanziellen Mittel, Mut, Weisheit und alles, was wir sonst noch brauchen. Vielleicht erkennen oder spüren wir seine Hilfe nicht sofort, aber wenn wir im Glauben Schritte gehen, wird alles kommen, was wir brauchen. Satan benutzt die Angst, um uns zurückzuhalten, aber Gott will, dass wir den Weg bis zum Ende gehen und die Erfüllung unserer Träume sehen.

Als ich anfing, mein Leben zu vereinfachen, zeigte Gott mir, dass ich möglichst wenig Zeit mit ängstlichen Menschen verbringen sollte. Wir können unsere inneren Kämpfe nicht gewinnen, wenn wir von Angst umgeben sind. Gideon zog in den Kampf, als Gott ihm befahl, er müsse als erstes alle Krieger nach Hause schicken, die Angst hatten. Das waren immerhin zwei Drittel seiner Soldaten (Richter 7,3). Damit will ich nicht sagen, dass wir ängstliche Menschen ablehnen sollen. Aber wenn wir nach Gottes Willen leben wollen, brauchen wir Menschen um uns herum, die wissen, wie Angst funktioniert und sich nicht von ihr bestimmen lassen.

Angst lässt uns nicht mehr klar denken, quält uns, verleitet uns zu unvernünftigem Handeln und macht meistens *alles* nur noch komplizierter. Es ist höchste Zeit, der Angst den Kampf anzusagen, »denn Gott hat uns nicht einen Geist der Furcht gegeben, sondern einen Geist der Kraft, der Liebe und der Besonnenheit« (2. Timotheus 1,7).

33 Dem Herzen folgen

»Tiefe innere Freude ist wie ein Magnet, der den Weg zum Leben zeigt. Man muss ihm folgen, auch wenn er auf einen Weg voller Schwierigkeiten führt.«

Mutter Theresa

Durch Christus und unseren Glauben an ihn können wir nun ohne Furcht und voller Zuversicht [frei und ohne Angst] zu Gott kommen.

Epheser 3,12

Sie kennen wahrscheinlich den folgenden Satz: »Bleib deinem Herzen treu.« Eine der Ursachen, weshalb unser Leben manchmal so kompliziert wird, ist, dass wir vom Kurs abweichen und nicht mehr auf das achten, was uns wirklich wichtig ist. Wenn wir nicht mehr auf unser Herz hören und stattdessen das tun, was uns die Welt sagt, werden wir uns unerfüllt und leer fühlen. Das Leben wird fade. Alles läuft normal, aber nichts befriedigt uns mehr. Was erwarten Sie vom Leben? Was glauben Sie, ist Gottes Wille für Sie? Manche Menschen verschwenden so viel Zeit damit, vermeintliche Verpflichtungen zu erfüllen, dass sie gar nicht mehr wissen, was *sie selbst* wollen. Sie stellen sich diese Frage nicht einmal, weil sie denken, es sei sowieso unmöglich zu erlangen.

Mit der Frage, was Sie vom Leben erwarten, meine ich nicht die Erfüllung egoistischer Wünsche; ich meine das Verlangen tief in Ihrem Herzen. Ganz tief in Ihnen steckt etwas, das Gott dort hineingelegt hat. Jeder Mensch ist zu etwas ganz Bestimmtem berufen und dazu ausgerüstet, auch Sie! Es erfordert Mut, seinem Herzen zu folgen, statt der Meinung der Masse. Als Gott mich dazu berief, die Bibel zu lehren, war das für Frauen ganz und gar unüblich. Ich verlor meine Freunde, und sogar Familienmitglieder lehnten mich als in die Irre gegangene Rebellin ab. In meiner Gemeinde hatte ich keinen sehr guten Ruf, aber das hatte Jesus auch nicht. Trotzdem ist es immer noch ein Wunder für mich, dass ich den Mut hatte, Gott zu folgen, statt der Menge. Ich glaube ich hatte das »ganz normale« Leben so satt, dass ich bereit war, auch radikale Schritte zu gehen, wenn es nötig war, um wieder innere Befriedigung zu empfinden.

Es ist ganz bestimmt nicht einfach, Träume und Visionen zu haben und sie ständig zu ignorieren und beiseite zu schieben und dabei gleichzeitig zu versuchen, Freude an etwas zu finden, was man eigentlich hasst. Vielleicht denken Sie jetzt, dass Ihr Leben nur komplizierter werden wird, wenn Sie einige Menschen vor den Kopf stoßen, weil Sie Ihrem Herzen folgen. Aber wenn Sie jemals ein Leben genießen wollen, in dem Sie ganz einfach nur Gott gehorchen, müssen Sie Ihrem Herzen folgen.

34

Keine Angst vor der Meinung anderer

»Der Ruf eines Mannes ist das, was andere von ihm denken; sein Charakter ist das, was er wirklich ist.«

John Milton, englischer Dichter

Doch sie [die Saat] wird von Alltagssorgen, den Verlockungen des Reichtums und dem Verlangen nach schönen Dingen übertönt, sodass keine Frucht daraus entstehen kann.

Markus 4,19

Wer sich zu sehr von der Meinung anderer beeinflussen lässt, öffnet inneren Qualen Tür und Tor. Natürlich gefällt es uns, wenn andere viel von uns halten. Aber es ist unmöglich, dass uns alle Menschen immer mögen. Irgendjemand wird irgendwann negativ von Ihnen denken, und Sie können nichts dagegen tun. Mal ist es der eine, mal der andere. Aber manchmal machen wir uns auch Gedanken, was die Menschen wohl von uns denken - und in Wirklichkeit verschwenden sie überhaupt keinen Gedanken an uns.

Die Bibel sagt, dass wir all unsere Sorgen auf Gott werfen sollen, weil er für uns sorgt (1. Petrus 5,7). Dazu gehören auch die Sorgen darüber, was andere von uns denken. Ich kann mein Leben nur für Gott leben. Wenn anderen das nicht gefällt, dann müssen sie das mit Gott klären, nicht mit mir. Wenn ich versuche, es Gott und den Menschen recht zu machen, wird das Leben zu kompliziert und ich bin verwirrt und frustriert. Als ich mich entschloss, nur für Gott zu leben, erfuhr ich zunächst Ablehnung. Aber nach einiger Zeit hat Gott mir neue Freunde geschenkt, die das gleiche Ziel verfolgten wie ich. Gemeinsam kämpfen wir nun gegen die Angst vor dem, was Menschen von uns denken könnten.

Nach Gottes Rechnung müssen wir meist erst etwas verlieren, was wir haben, um das zu gewinnen, was wir uns wirklich wünschen. Warum also sollte ich mich an etwas klammern, das mich ohnehin nie zufriedenstellen wird? Beugen Sie sich nicht der Tyrannei der Meinung anderer Menschen. Hören Sie auf, sie zu überzeugen, dass Sie nur gute Absichten haben. Lassen Sie sie denken, was sie wollen. Gott wird Sie verteidigen und Sie zur rechten Zeit rechtfertigen.

Was können die Gedanken eines anderen Ihnen schon tun? Warum sollten Sie sich Ihr Leben lang vor Gedanken fürchten? Gott hat uns seinen Heiligen Geist nicht gegeben, damit wir uns von der Angst versklaven lassen (Römer 8,15). Entscheiden Sie sich dafür, dass das, was Gott denkt, Ihnen wichtiger ist, als das, was die Menschen denken. Dann wird Ihr Leben um vieles einfacher.

35 Unfrieden vermeiden

»Hitzigkeit und Feindseligkeit, Wettstreit und Konflikte können zwar unsere Sinne schärfen, das ist aber selten der Fall. Niemals aber werden sie unsere Einsicht vertiefen, uns Scharfsinn verleihen, unser Urteilsvermögen verbessern oder unser Herz stärken.«

Walter Savage Landor, englischer Schriftsteller

Einen Kampf zu vermeiden ist ehrenvoll; nur Narren suchen den Streit.

Sprüche 20,3

Wenn ich von Unfrieden spreche, meine ich allen Zank, alle Streitereien, alle hitzigen Auseinandersetzungen und Verstimmungen. Das gibt es unter Freunden, Verwandten und im täglichen Leben. Die Bibel lehrt uns, dass ein Christ nicht streiten sollte (2. Timotheus 2, 23-24). Sie sagt, dass wir nicht an »dummen, unreifen Auseinandersetzungen« beteiligt sein sollen, weil sie nur Streit und Unstimmigkeiten auslösen.

Um unnötige Konflikte und Uneinigkeit in unserem Leben zu vermeiden, müssen wir Gespräche vermeiden, die Leid und Not verursachen können. Ich merke genau, wenn Dave und ich ein Gespräch führen, das allmählich hitzig wird. Oft breche ich es dann einfach ab, denn bei diesen Gelegenheiten ist das eigentliche Diskussionsthema keine Auseinandersetzung wert. Vielleicht haben wir nicht einmal genug Ahnung davon, um überhaupt zu diskutieren.

Oft ist es unser Verlangen, Recht zu haben, das viel Unfrieden auslöst. Wenn Sie Zwietracht und Zwistigkeiten aus Ihrem Leben fernhalten wollen, sollten Sie bedenken, dass bei einer Diskussion immer die Möglichkeit besteht, dass Sie doch Unrecht haben, obwohl Sie sich sicher sind, im Recht zu sein. Recht zu haben, wird ohnehin oft überschätzt. Wir verursachen alle möglichen Probleme, nur um zu beweisen, dass wir recht haben. Und was haben wir letztlich davon? Es befriedigt unsere menschlichen Gelüste, aber Gott hat uns aufgefordert, friedfertig zu sein.

Sehen wir uns die Definition von Unfriede noch einmal an: Streitereien, Zank, hitzige Gespräche und Verstimmungen. Bei all dem habe ich das Gefühl, dass das Leben wirklich schwierig ist. Der Friede ist dagegen einfach und angenehm. Unfrieden schneidet uns von Gottes Segen ab und öffnet Tür und Tor für alle möglichen Probleme. Unfriede macht uns schwach, aber wenn wir uns einig sind, sind wir umso stärker. Wie es so schön heißt: »Gemeinsam sind wir stark.«

Wenn Sie sich das nächste Mal mit jemandem streiten, halten Sie inne und fragen Sie sich selbst, ob das, worüber Sie debattieren, es wirklich wert ist, den Frieden dafür aufs Spiel zu setzen.

36 Eine positive Einstellung

»Ein Pessimist sieht in jeder Gelegenheit ein Problem; der Optimist sieht eine Gelegenheit in jedem Problem.«

Sir Winston Churchill

Lasst euch stattdessen einen neuen Geist und ein verändertes Denken geben.

Epheser 4,23

Eine positive Einstellung zu haben, ist eine Entscheidung. Wir entschließen uns, mit dieser Einstellung zu leben, und sie öffnet die Tür, damit Gott in unserem Leben wirken kann. Wir haben aber auch die Möglichkeit, uns für das Gegenteil zu entscheiden. Wir können mit einer negativen Einstellung leben und so dem Teufel die Gelegenheit geben, in unserem Leben zu wirken. Eine negative Atmosphäre hat etwas Bedrückendes, das wir nicht ertragen müssen. Auch wenn Sie sich in einer scheinbar negativen Situation befinden, so hilft es Ihnen nicht, auch noch eine negative Einstellung dazu zu haben. Ist das Problem das Problem selbst oder ist Ihre Sicht der Dinge das eigentliche Problem?

Sobald wir es zulassen, dass eine negative Haltung unsere Sicht der Dinge beeinflusst und wir alles nur noch durch diesen Filter sehen, verlieren wir unsere Freude und unseren Frieden. Ein Mensch mit negativer Haltung bekommt keine Antworten von Gott und weiß deshalb nicht, was er tun soll. So wird alles nur noch schlimmer. Warum helfen Sie sich und den Menschen um sich herum nicht, indem Sie die Dinge von ihrer positiven Seite betrachten?

Ich war jahrelang sehr negativ eingestellt. Ich war in einem negativen Umfeld aufgewachsen und habe aus reiner Unwissenheit einfach so weitergelebt, wie ich es bis dahin gekannt hatte. Ich versichere Ihnen, dass mein Leben nicht sehr angenehm war. Es war alles andere als einfach, weil ich jeder Herausforderung im Leben mit einer negativen Haltung begegnete und dadurch alles nur noch schlimmer machte. Es schien als hätte ich immer Probleme. Ich beklagte mich ständig über alles und jeden. Aber das machte meine Probleme nur noch schlimmer. Erst als ich anfing, mich auf die positiven Seiten zu konzentrieren und die negativen loszulassen, wurde mein Leben ruhiger, und der Friede kehrte zurück.

Sie können gleich jetzt damit anfangen, die Atmosphäre, in der Sie leben, positiv zu verändern. Gott wartet nur darauf, viele Ihrer Gebete zu beantworten, aber dazu müssen Sie mit einer glaubensvollen Einstellung leben. Reden Sie sich einmal selbst ins Gewissen und erinnern Sie sich daran, dass eine negative Grundhaltung niemandem nützt. Warum sollten Sie also Ihre Zeit mit etwas verschwenden, was nutzlos ist? Konzentrieren Sie sich auf die positive Seite des Lebens und Sie werden staunen, wie viel Gutes Sie entdecken können.

37 Tun Sie nichts, was Sie nicht können

»Tue das, was du kannst, und alles andere wird sich erledigen.«

Willnett Crockett, Basketballspieler

Denke an ihn [Gott], was immer du tust, dann wird er dir den richtigen Weg zeigen.

Sprüche 3,6

Ertappen Sie sich auch dabei, dass Sie ständig versuchen, mit den Talenten und Fähigkeiten anderer mitzuhalten? Haben Sie dabei schon einmal Ihre Unzulänglichkeit erfahren? Wer sein Leben vereinfachen will, muss lernen, mindestens 80 Prozent seiner Zeit für seine zwei oder drei größten Stärken einzusetzen. Und er muss aufhören, seine Zeit mit Dingen zu verschwenden, die er oder sie nicht gut kann. Gute Leistungen ermutigen uns alle. Wenn wir also ständig Dinge tun, in denen wir nicht gut sind, dann fehlt uns die Ermutigung, die wir brauchen, um das Leben zu genießen.

Sie müssen nicht unbedingt gut in etwas sein, nur weil jemand anderes, den Sie kennen, gut darin ist. Meine Nachbarin war die perfekte Hausfrau. Sie nähte alle Kleider für ihre Familie selbst, pflegte den Garten, hatte alles immer hübsch dekoriert und kochte wunderbar. Sie hätte es mit der Hausfrauen-Ikone Martha Stewart aufnehmen können. Ich dagegen konnte nicht nähen, hatte keinen Garten, und kochte höchstens durchschnittlich. Ich versuchte es mit einem Garten, aber ich hasste Gartenarbeit. Ich versuchte zu nähen und hasste es noch mehr als die Gartenarbeit. Ich fühlte mich miserabel und das Leben war extrem kompliziert, weil ich jeden Tag Dinge tat, die ich hasste, nur um mich wie eine »normale Frau« zu fühlen.

Gott musste mir zeigen, dass die Tatsache, dass ich nicht so war wie meine Nachbarin, nicht bedeutete, dass mit mir etwas nicht stimmte. Es brauchte Mut, mit den Dingen aufzuhören, die ich nicht gut konnte, und mir keine Gedanken mehr darüber zu machen, was andere dachten. Wenn wir alle die gleichen Dinge gut könnten, würden viele Bedürfnisse in dieser Welt niemals erfüllt werden. Gott hat jeden von uns mit anderen Stärken ausgerüstet. Wenn wir zusammenarbeiten, jeder mit seinen Stärken und Begabungen, werden wir Gottes Willen erfüllen.

38 Machen Sie sich keine Sorgen um Ihre Kinder

»Wenn ich auf ein Kind zugehe, weckt es in mir zweierlei Gefühle: Zärtlichkeit bei dem Gedanken daran, was es jetzt ist und Ehrfurcht vor dem, was es einmal sein wird.«
Louis Pasteur, französischer Chemiker, Biologe und Mediziner

Können all eure Sorgen euer Leben auch nur um einen einzigen Augenblick verlängern?
Matthäus 6,27

Manche Menschen glauben, dass sie keine guten Eltern sind, wenn sie sich keine Sorgen um ihre Kinder machen. Die Bibel lehrt uns aber, dass es nicht Gottes Wille ist, dass wir uns Sorgen machen, und dass es dazu noch nutzlos ist. Ich glaube, sich Sorgen zu machen, ist wie in einem Schaukelstuhl zu schaukeln - man ist ständig in Bewegung, kommt aber nicht vom Fleck.

Geben Sie Ihr Bestes, um Ihre Kinder nach Gottes Maßstäben zu erziehen, und überlassen Sie den Rest Gott! Wenn wir uns Sorgen machen, zeigen wir damit, dass wir Gott nicht wirklich vertrauen. Wir müssen für unsere Kinder beten und unsere Sorgen dann bei Gott ablegen.

Ich habe vier erwachsene Kinder, die alle mit Gott leben. Als sie noch jung waren habe ich jedoch jede Menge Zeit damit verschwendet, mir Sorgen um sie zu machen. Ich habe mich bei manchen von ihnen sogar gefragt, ob sie wohl einmal alleine überleben würden. Aber zu meiner großen Überraschung sind sie sehr gut alleine zurecht gekommen. Ihre Kinder können vielleicht mehr als Sie ihnen zutrauen. Haben Sie keine Angst, wenn sie flügge werden und ihre ersten Flugversuche unternehmen.

Wie die meisten Eltern, hatten auch wir mit jedem Kind unsere Probleme. Zwei von ihnen hatten in der Schule Schwierigkeiten, eines war sehr unordentlich, ein anderes war extrem perfektionistisch und hat sich damit selbst unter großen Druck gesetzt. Das Gute ist, dass sie es alle geschafft haben und es ihnen gut geht. Einige sind ein paar Umwege gegangen und haben ein paar schlechte Entscheidungen getroffen. Aber sie haben daraus gelernt und haben sich an das erinnert, was wir ihnen beigebracht haben. Gottes Wort sagt, dass wir unseren Kindern den Weg zeigen sollen, auf dem sie gehen sollen. Dann werden sie auch nicht davon abweichen, wenn sie älter sind (Sprüche 22,6).

Wenn Sie sich um eines Ihrer Kinder Sorgen machen, halten Sie sich einfach an diesem Versprechen fest. Sich Sorgen zu machen, wird Sie nur verwirren und Ihr Leben komplizierter machen. Damit helfen Sie Ihren Kindern nicht. Deshalb sollten Sie Ihre Kraft dazu einsetzen, Gott zu vertrauen und dann abwarten, was er tut.

39 Nicht Grübeln

»Die Zeit bekehrt mehr Menschen als der Verstand.«
Thomas Pain, einer der Gründerväter der USA

Vertraue [und verlass dich] von ganzem Herzen auf den Herrn und verlass dich nicht auf deinen Verstand.
Sprüche 3,5

Gottes Wort lehrt uns, dass wir uns nicht auf unseren Verstand verlassen sollen. Das bedeutet ganz einfach, dass wir keine Zeit damit verschwenden müssen, zu versuchen Dinge zu verstehen, die nur Gott versteht. Es bedeutet nicht, dass wir nicht mehr nachdenken sollen. Es bedeutet aber sehr wohl, dass wir nicht zu sehr über die Herausforderungen und Probleme im Leben nachgrübeln sollen. Gott fordert uns auf, uns das Leben leichter zu machen, indem wir ihm vertrauen und im Glauben leben. Aber Vertrauen bedeutet, dass es auch immer unbeantwortete Fragen geben wird. Wenn wir alles wüssten, bräuchten wir Gott nicht! Gestehen Sie sich einfach zu, dass Sie nicht alles wissen, und machen Sie sich keine Sorgen deshalb. Es ist nicht Ihre Aufgabe, alle Antworten zu wissen. Sie dürfen darauf vertrauen, dass Gott Ihnen die Antworten zur richtigen Zeit geben wird.

Als ich einmal verzweifelt feststellte, dass mein Leben unbedingt einfacher werden musste, war das Grübeln eines der ersten Dinge, die ich aufgeben musste. Wenn mein Leben einfach werden sollte, mussten meine Gedanken einfacher werden. Ich musste aufhören, alles zu analysieren und mir Sorgen um Dinge zu machen, die mich nichts angingen. In Gedanken immer wieder um die gleiche Sache zu kreisen, so lange, bis ich eine zufriedenstellende Antwort gefunden hatte, war ganz bestimmt nicht einfach. Ich fühlte mich oft erschöpft. Nicht selten stellten sich die Antworten, die ich glaubte gefunden zu haben, ohnehin als falsch heraus. Gott zeigte mir, dass ich »grübelsüchtig« war. Ich konnte mich erst entspannen, wenn ich glaubte, auf alles im Leben eine Antwort gefunden zu haben. Ich musste mich vom Grübeln entwöhnen, wie man ein Kind vom Schnuller entwöhnt.

Schließlich beschloss ich, nicht mehr länger zu versuchen, alles zu ergründen. Es dauerte aber noch eine ganze Weile, bis ich den Frieden trotz unbeantworteter Fragen spürte. Jedes Mal, wenn ich verwirrt war, wusste ich, dass ich wieder in meine alte Gewohnheit verfallen war. So sagte ich laut: »Gott, ich vertraue dir und weigere mich, darüber nachzugrübeln.« Allmählich wurde ich ganz frei von »dem Bedürfnis, alles zu wissen«, wie ich es nenne. Ich fühle mich jetzt auch wohl, wenn ich etwas nicht weiß, weil ich Gott kenne und er alles weiß. Er wird mich wissen lassen, was ich wissen muss und wann ich es wissen muss. Bis dahin kann ich mich in seiner Liebe geborgen fühlen und weiß, dass er alles in der Hand hat. Dieser Lernprozess hat lange gedauert, aber er war es wert. Wenn Sie zu denen gehören, die zu viel wissen wollen, rate ich Ihnen, heute noch damit anzufangen, mit der Sucht des Grübelns Schluss zu machen und zu lernen, dem Meister-Denker zu vertrauen - Gott selbst!

40

Einfache Freunde

»Manche Menschen tauchen in unserem Leben auf und verschwinden sofort wieder, andere bleiben länger und hinterlassen Fußabdrücke in unserem Leben. Danach sind wir nie wieder dieselben.«

Quelle unbekannt

Halte dich von einem zornigen Menschen fern und meide den Jähzornigen.

Sprüche 22,24

Die Menschen, mit denen wir Zeit verbringen, beeinflussen uns. Daher ist es logisch, dass wir nicht nur komplizierte Freunde haben sollten, wenn wir ein einfaches Leben führen wollen. Wenn ich mit Menschen zusammen bin, die sehr angespannt sind und immer unter Stress stehen, bin ich auch gestresst. Wenn ich dagegen mit Menschen zusammen bin, die ruhig und gelassen sind, dann kann ich auch gelassen bleiben. Wenn ich unter Menschen bin, die fröhlich sind und selbst die kleinsten Kleinigkeiten im Leben genießen können, werde ich daran erinnert, dass ich das auch tun sollte.

Eine enge Freundschaft mit einem extrem unsicheren Menschen zu pflegen, kann sehr kompliziert sein. Man muss ständig aufpassen, dass man den anderen nicht verletzt, statt einfach man selbst zu sein und die Freundschaft genießen zu können. Auch mit negativ eingestellten Menschen zusammen zu sein, ist nicht einfach. Sie sind wie dunkle Wolken.

Nicht jeder versteht, wie wichtig es ist, die richtigen Freunde zu wählen. Viele gehen mit jedem, der gerade in Reichweite ist, eine Beziehung ein. Oft ist dann genau diese Wahl der Freunde die Ursache vieler Probleme. Manche Menschen könnten ihre Lebensqualität erheblich verbessern, wenn sie sich einen anderen Freundeskreis suchen würden.

Ich hatte in meinem Leben schon genug Komplikationen. Ich will meine Freizeit nicht auch noch mit Menschen verbringen, die jedes Vorhaben, jede Unterhaltung und jede Stunde, die wir gemeinsam verbringen, kompliziert machen. Nehmen Sie Ihre Freundschaften einmal unter die Lupe. Wenn sie Ihnen nicht gut tun, sollten Sie vielleicht andere Freunde wählen.

41 Effizient sein

»Die erfolgreichen Männer sind die wenigen effizienten. Es sind die wenigen, die den Ergeiz und die Willenskraft haben, an sich selbst zu arbeiten.«

Robert Burton, engl. Dichter

Lebt klug unter den Menschen, die keine Christen sind, und macht aus jeder Gelegenheit das Beste!

Kolosser 4,5

Ich kann mich erinnern, dass ich früher tagelang mit dem Auto durch die Stadt gefahren bin und Zeit und Benzin vergeudet habe, um ein paar Schuhe im Sonderangebot zu finden. Ich dachte, ich sei sparsam, weil ich nach Sonderangeboten suchte, bis mir schließlich klar wurde, dass ich auf diese Art mehr Zeit und Geld verschwendete, als ich einsparte. Wir vergessen oft, dass für die meisten von uns Zeit Geld ist. Wenn Sie Zeit verschwenden, verschwenden Sie eines der kostbarsten Geschenke, das Gott Ihnen gegeben hat. Zeit, die wir einmal verbraucht haben, kommt nie wieder zurück. Deshalb sollten wir sie wohlüberlegt einsetzen.

Lernen Sie zum Beispiel, Ihre Besorgungen zu bündeln. Sie denken vielleicht, dass es gut ist, wenn Sie nichts aufschieben, sondern alles sofort erledigen, wenn es Ihnen einfällt. Aber wenn es um Besorgungen geht, ist das nicht immer die beste Methode. Überlegen Sie sich, welches die kürzeste Route ist, auf der Sie alles erledigen können, um Zeit und Benzin zu sparen, und nehmen Sie sich einmal pro Woche Zeit dafür. Dann fühlen Sie sich nicht mehr so zerrissen. Wenn Sie das Gefühl haben, dass Sie ständig nur herumrennen, ist es vielleicht tatsächlich so!

Vor kurzem habe ich angefangen, alle Telefonanrufe, die ich machen muss, aufzuschreiben und sie dann alle nacheinander zu erledigen. Damit habe ich nicht mehr das Gefühl, ständig am Telefon zu hängen. Ich weiß, dass manche Telefonate keinen Aufschub dulden, aber die meisten schon. Bedenken Sie auch, dass Sie nicht immer ans Telefon gehen müssen, wenn es klingelt. Dank der modernen Technik sehen wir heute meistens, wer anruft. Vielleicht ist es jemand, den Sie später zurückrufen können, wenn Sie ohnehin Ihre Anrufe erledigen. Dann haben Sie das Gefühl, dass Sie Ihren Tagesablauf bestimmen und nicht der Tagesablauf Sie.

Es gibt viele Möglichkeiten, Zeit zu sparen, und wir sollten uns die Zeit nehmen, um sie zu entdecken. Denken Sie einmal darüber nach, was Sie in letzter Zeit getan haben, und überlegen Sie, ob Sie das auch effizienter lösen können. Das ist ein guter Anfang für ein einfacheres Leben.

42

Dankbar sein

»Keine Pflicht ist dringender als die, sich zu bedanken.«
Quelle unbekannt

Ich will dem Herrn danken, denn er ist gerecht; ich will den Namen des Herrn, des Höchsten, loben.
Psalm 7,18

Dankbar zu sein hilft uns, das Leben einfacher anzugehen. Wenn wir wollen, finden wir genug Dinge, über die wir uns beschweren können. Aber wozu, wenn es nichts nützt? Gott ermahnt uns in seinem Wort, nicht zu klagen, andere zu beschuldigen oder zu murren (Philipper 2,14). Er sagt sogar, dass wir in Wirklichkeit ihn beschuldigen, wenn wir murren und meckern.

Der Apostel Paulus schrieb, dass wir uns um nichts Sorgen machen, sondern in jeder Lage unsere Bitten im Gebet mit Dank vor Gott bringen sollen (Philipper 4,6-7). Ich kann mich erinnern, wie ich Gott einmal um etwas gebeten habe und er mir geantwortet hat, dass es sinnlos sei, mir noch etwas zu geben, über das ich mich dann beklagen konnte. Er zeigte mir, dass ich mich, bei allem was er mir gab, immer über das beklagte, was ich noch nicht hatte. Seither versuche ich zu lernen, für das zu danken, was er mir geschenkt hat.

Wenn wir dankbar sind, zeigt das Gott, dass wir für weitere Geschenke bereit sind. Dank gehört zum Leben eines Menschen, der Gott von Herzen lobt und anbetet. Die ganze Woche zu jammern und dann am Sonntag in den Gottesdienst zu gehen und ein paar Lieder zu singen, ist keine Anbetung. Ich will nicht nur Lieder singen, ich will Gott im Geist und in der Wahrheit anbeten, wie er es möchte (Johannes 4,24).

Dankbarkeit macht das Leben leichter. So haben wir den Kopf für Gedanken des Friedens und der Freude frei, statt ihn voller beunruhigender Gedanken zu haben. Dadurch schaffen wir in unseren Gesprächen mit anderen eine positive Atmosphäre, die alle erfreut.

43

Wissen, worauf man sich einlässt

»Der, der am längsten überlegt, bevor er ein Versprechen gibt, wird es am treuesten erfüllen.«

Jean-Jacques Rousseau, Philosoph

Doch vor allem, liebe Brüder, sollt ihr niemals schwören, weder beim Himmel noch bei der Erde noch sonst irgendeinen Eid! Sagt einfach klar Ja oder Nein, damit ihr euch nicht schuldig macht und dafür verurteilt werdet.

Jakobus 5,12

Es ist sehr unklug, sich zu etwas zu verpflichten, ohne genau zu überlegen, was dies beinhalten wird. Dennoch überlegen sich die wenigsten vorher genau, welche Verpflichtungen sie eingehen. Manche Dinge hören sich am Montag noch aufregend an, aber wenn wir nicht ganz und gar dafür brennen und bereit sind, uns wirklich zu investieren, ist es am Freitag bereits Schinderei.

Viele Menschen machen sich das Leben unnötig schwer, weil sie zu vielen Dingen Ja sagen, ohne den Preis dafür zu kennen oder zu überlegen, was sie sich noch zusätzlich zu ihrem ohnehin schon großen Bündel aufladen. Oft antworten wir aus dem Bauch heraus und wünschen uns später, wir hätten den Mund gehalten. Aber leider ändert dieser Wunsch nichts. Wenn wir Veränderung wollen, dann müssen wir anders an die Sache herangehen.

Wollen Sie wirklich die nächsten fünf Jahre hohe Raten zahlen, nur um ein neues Auto zu haben, obwohl Ihr altes Auto abbezahlt ist und Ihnen noch gute Dienste leistet? Man kann sein Leben einfacher gestalten, wenn man einen langsameren Gang einlegt und sich genau überlegt, worauf man sich einlässt. Nehmen Sie sich ein paar Minuten Zeit, allein, bevor Sie größere Verpflichtungen eingehen. Warten Sie, bis die Wogen Ihrer Gefühle sich glätten und entscheiden Sie dann. Wenn das Verlangen immer noch da ist und Sie das Gefühl haben, dass es richtig ist, tun Sie es; wenn nicht, machen Sie sich das Leben leichter und gehen Sie nicht zu viele Verpflichtungen ein.

44

Vor allem beten

»Bete, und überlass das Sorgen Gott.«

Martin Luther

Betet immer und in jeder Situation mit der Kraft des Heiligen Geistes. Bleibt wachsam und betet auch beständig für alle, die zu Christus gehören.

Epheser 6,18

Je mehr wir versuchen, die Dinge ohne Gottes Hilfe zu regeln, umso komplizierter wird das Leben. Wir brauchen bei *allem*, was wir tun, seinen Segen. Diesen bekommen wir, indem wir beten. Zunächst sollten wir darüber beten, ob wir das, was wir vorhaben, überhaupt tun sollten. Wenn ja, brauchen wir Gottes Hilfe dazu. Nur zu oft, beschließen wir einfach, dass wir etwas tun wollen, und wundern uns dann, warum es so mühsam ist.

Jesus ist der Anfänger und Vollender unseres Glaubens, aber er ist nicht dazu verpflichtet, etwas zu vollenden, das er nicht angefangen hat. Jesus hat gesagt, dass er nichts ohne seinen Vater tut (Johannes 5,30). Wir sollten seinem Beispiel folgen.

Gottes Gnade ist seine Fähigkeit, die er uns ganz umsonst gibt, und die uns hilft, das mit Leichtigkeit zu tun, was wir auf uns alleine gestellt bei aller Anstrengung nicht tun könnten. Ob es eine Diät ist, regelmäßiger Sport, eine berufliche Veränderung, heiraten oder irgendetwas anderes - denken Sie daran, vorher zu beten. Gott ist Ihr Partner im Leben. Verspielen Sie also nicht die Unterstützung Ihres Partners, weil Sie ihn nicht darum gebeten haben. Jakobus schreibt: »Ihr habt nichts, weil ihr nicht bittet« (Jakobus 4,2, ELB).

Bitten Sie Gott um Hilfe und erleben Sie, wie er antwortet.

45

Ärgern Sie sich nicht über schlechte Menschen

»Ich glaube, dass Gott alles in der Hand hat und dass er unseren Rat nicht braucht. Wenn Gott das Sagen hat, wird sich letzten Endes alles zum Guten wenden. Worüber sollte ich mir also Sorgen machen?«

Henry Ford, ehemaliger US-Präsident

Ärgere dich nicht über die schlechten Menschen. Beneide die nicht, die Unrecht tun.

Psalm 37,1

Paulus schrieb an Timotheus, dass in den letzten Tagen der Welt schwere Zeiten kommen würden, weil die Menschen egoistisch, geldgierig, gewalttätig, rebellisch, stolz und eingebildet sein werden (2. Timotheus 3,1-4). Wir leben heute in dieser Zeit, von der Paulus schrieb. Vielleicht sind Ihnen beim Lesen dieser Zeilen sogar Namen konkreter Personen eingefallen. In unserer heutigen Zeit könnte man sich ganz schnell über vieles ärgern, einschließlich über solche Leute. Aber Gott will nicht, dass wir uns über schlechte Menschen ärgern, sondern dass wir ihm vertrauen und Gutes tun (Psalm 37).

Wenn wir uns nicht auf das Richtige konzentrieren, wird das Leben sehr kompliziert. Wir tendieren dazu, uns immer auf das nächstliegende Problem zu konzentrieren, dabei sollten wir uns eigentlich darauf konzentrieren, Gottes Willen zu tun. Manchmal bin ich es wirklich leid, zuzuhören, wie andere über alle Probleme dieser Welt diskutieren. Ich glaube, wir sollten lieber darüber sprechen, was wir tun können, um sie zu einer besseren Welt zu machen, statt darüber, was alles schief läuft. Damit will ich nicht sagen, dass wir die Probleme ignorieren sollen. Aber anstatt uns darüber zu ärgern, sollten wir lieber nach Lösungen suchen.

Zu Jesu Zeiten gab es auch Probleme, aber er konzentrierte sich ganz darauf, Gott zu gehorchen und Menschen zu helfen. Gott wird sich zur rechten Zeit um die schlechten Menschen kümmern. Es heißt in der Bibel, dass wir schon bald nach ihnen suchen werden, aber sie werden nicht mehr da sein (Psalm 37,10). Manchmal scheint es, als gehe es den Übeltätern besser als den guten Menschen, und das ärgert und verwirrt uns. Aber Gott hat versprochen, dass letzten Endes die Sanftmütigen das Land erben (vgl. Psalm 37,11). Ich weigere mich, meine Zeit damit zu verschwenden, mich über das falsche Verhalten anderer aufzuregen. Ich glaube, dass es immer noch mehr Gutes als Schlechtes auf der Welt gibt. Ich habe mir fest vorgenommen, nach dem Guten Ausschau zu halten und darüber zu sprechen.

46

Vertrauen Sie Gott, dass er Sie verändern kann

»Du kannst die Umstände nicht ändern, und du kannst andere Menschen nicht ändern, aber Gott kann dich verändern.«

Evelyn A. Theissen

Doch was immer ich jetzt bin, das bin ich durch die Gnade Gottes [seinen unverdienten Segen] - und seine Gnade blieb in mir nicht ohne Wirkung. Denn ich habe härter gearbeitet als alle anderen Apostel, doch nicht ich habe gearbeitet, sondern Gott, der durch seine Gnade durch mich wirkte.

1. Korinther 15,10

Kämpfen Sie manchmal mit sich selbst? Sehen Sie an sich selbst Dinge, die Sie ändern müssen und versuchen verzweifelt, an sich zu arbeiten? Ich habe das jahrelang getan. Dies war die schwierigste und frustrierendste Zeit meines Lebens. Schließlich erkannte ich mit Gottes Gnade, dass es Zeitverschwendung war, zu versuchen etwas zu verändern, das nur Gott verändern konnte.

Paulus schrieb an die Philipper, dass Gott in uns ein gutes Werk begonnen hat und es auch vollenden wird (Philipper 1,6). Ich versuche daran zu denken, dass Gott mich nicht ins Spiel geholt und mir den Ball zugeworfen hat, um mir dann zu sagen, ich müsse jetzt alleine spielen. Alles, was wir brauchen, bekommen wir auf die gleiche Art, wie wir Jesus bekommen haben: durch den Glauben. Das Einzige, was wir durch Kampf und Anstrengung bekommen, ist Frust. Ich kann mich noch daran erinnern, dass ich damals ein Schild an meinen Kühlschrank gehängt habe, auf dem stand: »Frust = aus eigener Kraft«. Jedes Mal, wenn ich frustriert war, hat Gott mir in seiner Gnade gezeigt, dass ich wieder versucht hatte, etwas aus eigener Kraft, ohne seine Hilfe zu tun. Das nennt die Bibel »Werke des Fleisches«, und es ist etwas, das

Gott hasst. Wir ehren Gott, wenn wir uns in allem von ihm abhängig machen.

Wenn Gott uns etwas zeigt, das ihm an uns nicht gefällt, möchte er nur, dass wir ihm zustimmen und Reue zeigen. Ich empfehle Ihnen Folgendes: Sagen Sie Gott, dass Sie sich nur mit seiner Hilfe ändern können und danken Sie ihm täglich, dass er es tut. Sie sehen vielleicht zunächst noch keine Veränderung, aber der Glaube kann es bewirken. Ein Mensch, der aus Glauben lebt, glaubt, was er zunächst noch nicht sieht oder fühlt und sieht das Ergebnis, wenn er geduldig weiter glaubt. Hören Sie auf, mit sich selbst zu kämpfen und glauben Sie, dass Gott gerade in diesem Moment an Ihnen arbeitet und dass Sie das Ergebnis sehen werden. Gott kann Sie ein für alle Mal zum Guten verändern.

47

Vertrauen Sie Gott, dass er andere verändert

»Überlass die Vergangenheit Gottes Gnade, die Gegenwart Gottes Liebe und die Zukunft Gottes Fürsorge.«

Kirchenvater Augustinus

Schmecke und sieh, dass der Herr gut ist. Freuen darf sich, wer auf ihn vertraut!

Psalm 34,9

Einer der größten Fehler, den wir in Beziehungen machen können, ist, zu versuchen andere zu dem zu machen, was wir denken, dass sie sein sollten. Nur zu oft versuchen wir, sie dazu zu bringen, so zu sein und zu denken wie wir. Wenn wir das tun, haben wir nicht verstanden, dass Gott jeden von uns einzigartig erschaffen hat.

Ist Ihnen schon einmal aufgefallen, wie viele Menschen sich zu einem Menschen als Ehepartner oder Freund hingezogen fühlen, der das genaue Gegenteil von ihnen ist? Warum wohl? Weil dieser Mensch das hat, was uns fehlt. Es zieht uns an, ohne dass wir es merken. Das ist so lange wunderbar, bis wir vergessen, was uns zu diesem Menschen hingezogen hat und anfangen, den anderen mehr in unser Ebenbild verwandeln zu wollen. Nur Gott kann Menschen verändern. Doch selbst er kann einen Menschen nicht verändern, wenn derjenige es nicht will.

Statt »an Menschen zu arbeiten«, sollten wir lieber beten, dass sie bereit werden, sich von Gott verändern zu lassen. Wenn wir für Veränderung bei anderen Menschen beten, sollten wir das in aller Demut tun und dabei immer im Kopf behalten, dass wir selbst auch Schwächen haben.

Ich kann mich noch an den Tag erinnern, als Dave und ich dastanden, uns die Hände gaben und versprachen, uns so anzunehmen wie wir waren – mit allen Schwächen und Fehlern. Wir waren beide so lange damit beschäftigt gewesen, zu versuchen, einander zu verändern. Das Ergebnis davon war, dass wir nicht mehr gerne zusammen waren.

Von diesem Tag an wurde es besser. Wir müssen unser Versprechen von damals immer wieder erneuern, weil wir so leicht wieder »umkippen« und wieder versuchen, uns gegenseitig zu erziehen. Aber wir wissen im tiefsten Innern, dass es nicht unsere Aufgabe ist, den anderen zu verändern. Wenn Sie wollen, dass Ihr Leben leichter wird, beten Sie einfach für die Menschen in Ihrem Umfeld und lassen Sie Gott Gott sein!

48

Ein offener Freundeskreis

»Das einzig wahre Geschenk ist ein Teil deiner selbst.«
Ralpf Waldo Emerson

Das Wichtigste aber ist, dass ihr einander beständig liebt, denn die Liebe deckt viele Sünden zu!
1. Petrus 4,8

Gott hat uns dazu berufen, alle Menschen zu lieben, weil er uns auch liebt. Gott weist niemanden zurück, und wir sollten es auch nicht tun. Die Welt ist voller liebenswerter Menschen, die vielleicht ein wenig anders sind als wir oder schwer zu verstehen. Statt diesen Menschen aus dem Weg zu gehen, sollten wir uns alle Mühe geben, auf sie zuzugehen. Wir sind aus gutem Grund so wie wir sind. Wir sollten daran denken, dass wir genauso sein könnten wie die Menschen, die wir ablehnen, wenn Gottes Gnade uns nicht verändert hätte. Lassen wir unseren Freundeskreis groß und offen sein; zumindest sollten wir uns nicht nur auf die Menschen beschränken, die uns am ähnlichsten sind.

Ich weiß, dass ich mich die meiste Zeit meines Lebens von vielen abgelehnt gefühlt habe. Ich spürte, dass die Menschen mich nicht mochten und wusste nicht weshalb. Diese Menschen fragten mich: »Warum verhältst du dich so?« Ich konnte die Frage nicht beantworten, weil ich nicht verstand, was sie an mir störte. Ich wusste nicht, wie ich sonst sein sollte. Mein Vater hatte mich sexuell missbraucht und ich war hart und verbittert. Ich verhielt mich so, dass die Menschen mich nicht mochten und tat so, als sei es mir egal. Aber in Wahrheit sehnte ich mich verzweifelt nach Liebe und Annahme.

Erst als Jesus mich bedingungslos annahm, fing ich an, innerlich heil zu werden. Vielleicht sollten wir nicht nur in die Kirche oder die Gemeinde gehen, sondern auch Gemeinde *sein* und das tun, was Jesus tat. Er hatte einen offenen Freundeskreis. Das scheint mir viel einfacher zu sein, als entscheiden zu müssen, ob jemand alle Bedingungen erfüllt, um zu meinen Freunden zu gehören. Wenn wir aufhören würden, die

Fehler am anderen zu suchen und uns einfach nur lieben würden, könnten wir das Leben vielleicht viel mehr genießen.

49 Probleme abgeben

»Was ich gesehen habe, zeigt mir, dass ich Gott in allem vertrauen kann, was ich noch nicht gesehen habe.«

Quelle unbekannt

Überlasst all eure Sorgen [ein für alle Mal] Gott, denn er sorgt sich [liebevoll] um alles, was euch betrifft!

1. Petrus 5,7

Wahrscheinlich haben Sie es schon einmal erlebt, dass Sie ein Problem hatten und jemand zu Ihnen gesagt hat: »Überlass es einfach Gott.« Auch wenn das vielleicht nicht die Antwort ist, die wir hören wollen, wenn wir leiden, ist es doch die richtige Antwort. Ein Großteil unserer Traurigkeit und Verwirrung kommt daher, dass wir versuchen, das zu tun, was nur Gott tun kann.

»Lass los und lass Gott Gott sein.«, ist ein guter Rat. Dadurch wird jede Situation, egal wie verzwickt, gleich leichter. Wir müssen tun, was in unserer Macht steht, und dann den Rest mitsamt unseren Sorgen Gott überlassen. Die Bibel lehrt uns, dass wir alles tun sollen, was in einer Situation von uns verlangt wird und »wenn ihr alles ausgerichtet habt, stehen bleiben könnt« (vgl. Epheser 6,13). Der Ausdruck »stehen bleiben« bedeutet im griechischen Urtext so viel wie »in Gott ruhen oder verweilen«. Das Leben ist nicht schwer, wenn wir etwas tun, das uns leicht fällt. Aber es kann geradezu überwältigend werden, wenn wir versuchen, Dinge zu tun, von denen wir wissen, dass wir sie nicht tun können. Tun Sie Ihr Bestes und überlassen Sie den Rest Gott.

Fragen Sie sich selbst einmal, ob Sie versuchen, Supermann oder -frau zu sein und Dinge zu tun, die nur Gott tun kann. Wenn ja, dann hören Sie sofort damit auf, und überlassen Sie es Gott. Sagen Sie laut zu sich selbst: »Das habe ich nicht in der Hand, und ich überlasse es jetzt Gott.« Spüren Sie, wie Ihnen eine Last von den Schultern fällt? Nehmen Sie sie nicht wieder auf sich, auch wenn Gott sich vielleicht mehr Zeit lässt, als Sie gedacht haben. Denken Sie daran, wie elend Sie sich unter dieser Last gefühlt haben. Genau das Gleiche wird passieren, wenn Sie

sie wieder mit offenen Armen an sich nehmen. Machen Sie sich das Leben einfacher, indem Sie Ihre Sorgen und Ängste ein für alle Mal an Gott abgeben. Denken Sie daran, dass er sich um Sie kümmern wird (1. Petrus 5,7)!

50

Gedanken kontrollieren

»Zerre deine Gedanken von deinen Sorgen weg ... an den Ohren, an den Füßen oder sonst wie.«

Mark Twain

Sammle dich und geh in dich ...

Zephanja 2,1

Verworrene und komplizierte Gedankengänge sorgen für ein verworrenes, kompliziertes Vorgehen bei allem. Der Mensch folgt seinen Gedanken. Wenn Sie Ihr Leben verändern wollen, müssen Sie Ihre Gedanken verändern. Die Bibel sagt, dass wir unser Denken erneuern müssen, um Gottes guten Plan für uns zu erleben. Wir müssen lernen, so zu denken wie Gott denkt! Würde Gott sich um die Dinge Sorgen machen, um die Sie sich gerade sorgen? Würde er das Gleiche über andere Menschen denken wie Sie? In Wahrheit sind es nicht unsere Lebensumstände, die uns unglücklich machen, es ist die Art, wie wir die Dinge sehen. Das Leben wird sich wahrscheinlich nicht verändern, also müssen wir unsere Sicht der Dinge verändern.

Sie können Ihr Leben revolutionieren, indem Sie lernen, die Dinge anders zu sehen und anders zu denken. Können wir unsere Gedanken kontrollieren? Oder müssen wir denken, was uns gerade durch den Kopf geht? Natürlich können wir unsere Gedanken kontrollieren. Wir haben einen freien Willen und können lernen, unsere Gedanken sorgfältig zu wählen. Unser Geist ist das Schlachtfeld, und Satan wird versuchen, uns alle möglichen falschen Gedanken einzugeben. Er hofft, dass wir seinen Lügen glauben und er auf diese Weise den Kampf um unser Leben gewinnt. Er weiß, dass er uns kontrolliert, wenn er unsere Gedanken kontrolliert.

Gottes Wort lehrt uns, falsche Gedanken zu unterwerfen (2. Korinther 10,4-5), und wenn Gott sagt, wir sollen das tun, dann können wir es auch. Lernen Sie, was die Bibel sagt, damit Sie die Wahrheit kennen und alles, was Ihnen in den Sinn kommt, was nicht der Wahrheit entspricht, zurückweisen können. Ich gebe zu, dass es am Anfang ein schwerer Kampf ist. Aber wie bei jedem Kampf werden Sie gewinnen, wenn Sie dran bleiben. Sie werden den Sieg erleben!

Sie leben in einem Haus aus Gedanken. Wenn es also Zeit ist zu renovieren, fangen Sie gleich an. Es gibt keinen besseren Zeitpunkt als das Jetzt, um anzufangen, an Dinge zu denken, die Ihnen gut tun.

51 Seien Sie nicht kompliziert

»Unser Leben verliert sich in Einzelheiten ... hier heißt es: vereinfachen, vereinfachen.«

Henry David Thoreau, amerikanischer Philosoph

Der Herr behütet die schlichten Herzen; ich war in Not und er brachte mir Hilfe.

Psalm 116,6 (EU)

Da es in diesem Buch darum geht, das Leben zu vereinfachen, liegt es wohl auf der Hand, dass wir nicht kompliziert sein sollten. Aber für den Fall, dass es jemand noch nicht gemerkt hat, dachte ich, ich erwähne es hier einmal. Geht es Ihnen so wie mir früher? Können Sie aus einem simplen gemeinsamen Nachmittag etwas Hochkompliziertes machen? Sind Sie so süchtig danach, alles perfekt zu machen und die anderen zu beeindrucken, dass das Ganze eher zu einem Albtraum wird, statt zu dem schönen Nachmittag, von dem Sie geträumt haben?

Wussten Sie schon, dass die meisten Menschen die Kleinigkeiten, mit denen wir uns so abmühen, gar nicht bemerken? Wir tun das alles nur für uns selbst und können das Leben dabei vor lauter Stress gar nicht mehr genießen. Und die Menschen, die wir damit beeindrucken wollen, interessiert es überhaupt nicht.

Ich erinnere mich noch daran, wie ich mich mit der Auswahl der Wasserhähne und Türklinken abgemüht habe, als wir unser erstes Haus gebaut haben. Eines Tages fragte mich eine Freundin, die gerade selbst baute, nach unseren Wasserhähnen, und ich konnte mich nicht daran erinnern, wie sie aussahen. Das ist traurig! Ich habe mich mit einer Sache herumgeplagt, die ich später nicht einmal mehr vor Augen hatte. Seither haben wir noch zweimal gebaut, doch noch nie ist irgendjemand in unser Haus gekommen und hat die Wasserhähne und Türgriffe bewundert. Wenn Ihnen diese Dinge wirklich wichtig sind, dann verbringen Sie so viel Zeit damit, wie Sie wollen. Aber wenn es langfristig gesehen egal ist, besorgen Sie sich welche, die gut aussehen und wenden Sie sich der nächsten Sache zu.

Manchmal ist es nur verwirrend, wenn wir alle Möglichkeiten in Betracht ziehen. Die meisten Menschen (vor allem Frauen) wollen erst durch die ganze Stadt fahren und alles gesehen haben, bevor sie eine Entscheidung treffen. Höchstwahrscheinlich kaufen sie dann etwas, das sie drei Tage und vierzehn Geschäfte vorher gesehen haben, und das ihnen wirklich gefallen hat. Sie haben sich aber nicht getraut, es gleich zu kaufen. Oder sie sind am Ende so verwirrt, dass sie gar nichts kaufen. Wenn Sie sich das Leben leichter machen und Zeit sparen wollen, kaufen Sie etwas, das Ihnen gefällt gleich, und fahren Sie nicht noch tagelang herum, nur für den Fall, dass Sie noch etwas sehen könnten, das Ihnen besser gefällt. Ja, es kann gelegentlich passieren, dass man später etwas sieht und denkt: *Wie dumm, hätte ich das doch gesehen, bevor ich das andere gekauft habe.* Aber das kommt sehr selten vor.

Arbeiten Sie daran, die Dinge einfacher anzugehen. Das Leben ist zu kurz, um sich ständig zu plagen.

52 Nichts ist vollkommen

»Wir alle machen gelegentlich einmal etwas richtig. Ein paar Wenige machen meistens etwas richtig. Aber macht irgendwer immer alles richtig?«

Max Lucado, Autor

Geht so miteinander um, wie Christus es euch vorgelebt hat [er sei euer Vorbild in Demut].

Philipper 2,5

Unrealistische Erwartungen können einem schnell den Frieden und die Freude rauben. Normalerweise haben wir den perfekten Tag mit perfekten Menschen vor Augen und sind absolut glücklich in unserer vollkommenen, kleinen Welt. Aber wir wissen, dass die Realität anders aussieht. Realität ist, dass nur Gott vollkommen und der Rest von uns noch in Arbeit ist.

Der Teufel ist putzmunter und arbeitet auf dieser Erde schonungslos daran, alles kaputt zu machen, was er nur kann. Er weiß, wie er uns den Frieden rauben und uns aufregen kann. Wie wäre es, wenn Sie ein paar kleine Missgeschicke einplanen, statt auszuflippen, wenn die Dinge nicht so laufen, wie Sie sie geplant hatten? In den letzten drei Tagen habe ich einen (neuen) Teller zerbrochen, das Wasser aus dem Luftbefeuchter auf dem ganzen Boden ausgeleert, die Kiste mit Hundefutter fallen lassen und dann versucht, den Hund davon fernzuhalten, während ich alles aufgesammelt habe, sowie vier Schlüssel für eine Tür nachmachen lassen, von denen dann kein einziger funktioniert hat. Das sind nur ein paar der Dinge, dir mir auf Anhieb einfallen! Wenn ich lange genug nachdenke, fällt mir wahrscheinlich noch viel mehr ein.

Früher habe ich mich über solche Dinge sehr aufgeregt. Ich habe vor Wut geschnaubt und gemeckert und gejammert, dass niemals etwas richtig laufen würde. Aber all das hat nicht verhindert, dass diese Missgeschicke weiterhin passierten. Im Gegenteil, weil ich so frustriert war, konnte ich mich nicht mehr richtig konzentrieren und habe dadurch noch mehr solcher Missgeschicke verursacht. Nachdem ich es jahrelang zugelassen habe, dass der Teufel mir mit diesen kleinen Wutanfällen meinen Frieden stahl – und mich wahrscheinlich dabei ausgelacht hat –, habe ich es jetzt endlich begriffen! Das Leben ist nicht vollkommen, und es passieren Dinge, die wir nicht eingeplant haben und die wir nicht wollen. Meine neue Einstellung dazu ist: »Und wenn schon, das gehört zum Leben.« Ich habe gelernt, dass diese Dinge mich nicht beunruhigen können, wenn ich mich von ihnen nicht aus der Ruhe bringen lasse.

Jedem von uns begegnen Unannehmlichkeiten, aber wenn man sich nicht kindisch benimmt, kann man damit umgehen, ohne schlechte Laune zu bekommen. Diese neue Einstellung hat das Leben für mich sehr viel einfacher gemacht. Jetzt muss ich mich nicht mehr jeden Tag aufregen, weil nicht alles so läuft, wie ich es will. Und Sie müssen das auch nicht.

53 Gut mit anderen auskommen

»Zusammenzukommen ist der Anfang. Zusammenzubleiben ist ein Fortschritt. Zusammenzuarbeiten ist der Erfolg.«

Henry Ford

... seid eines Sinnes [kommt miteinander aus] und lebt in Frieden [miteinander]! Dann wird der Gott der Liebe und des Friedens mit euch sein.

2. Korinther 13,11 (EU)

Die meisten von uns wünschen sich wahrscheinlich, dass man mit den Menschen allgemein besser auskommen könnte. Aber haben Sie sich schon einmal überlegt, wie gut man mit Ihnen selbst auskommen kann? Wie reagieren Sie zum Beispiel, wenn Sie Ihren Willen nicht durchsetzen können? Sind Sie dann schnell beleidigt? Sind Sie unsicher und brauchen viel Aufmerksamkeit von anderen, damit es Ihnen gut geht? Wie gehen Sie mit Kritik um? Sind Sie anpassungsfähig? Müssen manche Dinge auf eine ganz bestimmte Art getan werden, damit Sie zufrieden sind? Und wenn sie nicht genau so getan werden, zeigen Sie dann deutlich, dass Sie nicht zufrieden sind? Früher wäre meine Antwort auf jede dieser Fragen sehr peinlich ausgefallen.

Ich wollte, dass alle anderen sich verändern, damit es mir besser geht. Aber Gott hat mir bei vielen Gelegenheiten gezeigt, dass ich selbst das Problem war. Die Wahrheit war, dass ich schwer zufrieden zu stellen, aber schnell beleidigt war. Ich wollte meinen Kopf durchsetzen, und war nicht sehr nett, wenn das nicht ging. Mit dieser Einstellung machte ich mir selbst das Leben schwer, weil ich die meiste Zeit verärgert war. Es ist unmöglich, ein einfaches Leben zu genießen, wenn andere Menschen nicht mit einem auskommen können.

Anfangs fiel es mir sehr schwer, mir selbst einzugestehen, dass man mit mir schlecht auskommen konnte. Aber als ich soweit war, öffnete sich mir eine ganz neue Welt. Ich fand bald heraus, dass es manchmal einfacher war, mich anzupassen, als mich auf lange Diskussionen einzulassen, um meinen Willen durchzusetzen. Wenn sich jemand Mühe gab, konnte ich ihn jetzt loben, statt den einen Punkt zu kritisieren, an dem derjenige meine Erwartungen nicht erfüllt hatte. Ich lernte, dass man viele Dinge einfach laufen lassen konnte, weil sie für das Gesamtergebnis nicht so wichtig waren. Mit jeder dieser Kleinigkeiten, die ich loslassen konnte, wurde mein Leben ein bisschen leichter.

Natürlich gehe ich nicht davon aus, dass alle meine Leser schwierige Menschen sind, aber einige vielleicht schon. Wenn Sie dazugehören, kann ich nachvollziehen, wie Sie sich fühlen. Doch ich kann Ihnen auch versichern, dass Gott Ihnen helfen wird, sich zu verändern, wenn Sie dazu bereit sind. Fangen Sie damit an, sich selbst die Wahrheit einzugestehen. Denken Sie daran, dass nur die Wahrheit uns freimachen kann (Johannes 8,32).

54 Überschätzen Sie sich nicht

»Es war der Stolz, der aus Engeln Teufel werden ließ, und es ist die Demut, die aus Menschen Engel macht.«

Kirchenvater Augustinus

Wer hochmütig ist, wird schließlich erniedrigt werden; der Bescheidene dagegen wird geehrt.

Sprüche 29,23 (HFA)

Es ist nicht falsch, an sich selbst zu glauben. Ich bin überzeugt, dass es wichtig ist, eine gesunde Selbsteinschätzung zu haben. Ich glaube nicht, dass Jesus für uns gestorben ist, damit wir uns selbst klein machen und herabsetzen. Allerdings lehrt uns die Bibel, dass wir uns nicht überschätzen, sondern uns gemäß den Gaben, die Gott uns gegeben hat, nüchtern einschätzen sollen (Römer 12,3).

Wenn wir uns überschätzen, führt das immer dazu, dass wir von anderen zu gering denken. Wenn wir etwas gut können, sollten wir immer daran denken, dass Gott uns die Fähigkeit dazu gegeben hat. Wir sollten ihm dafür danken und niemals von anderen geringer denken, nur weil sie andere Gaben haben.

Ich betrachte mich selbst gerne als einen »Alles-und-Nichts-Menschen« - ich bin alles in Christus und nichts aus mir selbst heraus, oder wie es die Bibel ausdrückt, »Denn alles ist mir möglich durch Christus« (Philipper 4,13), aber getrennt von ihm kann ich nichts tun (Johannes 15,5).

Eine demütige Selbsteinschätzung und die Bereitschaft, anderen zu dienen, deren Begabungen vielleicht nicht so offensichtlich sind, ist der richtige Ansatz für ein einfaches Leben. Jesus hat ein einfaches, lebenswertes Leben geführt, und trotzdem war sein ganzes Leben darauf ausgerichtet, seinem Vater im Himmel und den Menschen, die er traf, zu dienen.

Für stolze Menschen werden Beziehungen immer mühsam sein. Sie richten schnell und kritisieren andere häufig. Ihr Erfolg wird nicht von langer Dauer sein, denn wie der Verfasser der Sprüche schreibt: »Stolz kommt vor dem Verderben und Hochmut vor dem Fall« (Sprüche 16,18).

Wenn wir eine gesunde Selbsteinschätzung haben, ist das der Anfang, um inneren Frieden zu genießen. Wenn wir inneren Frieden gefunden haben, können wir das Leben genießen.

55

Weg mit Werbepost

»Haben Sie Mitleid mit Ihrem armen Briefträger. Seine Schultern müssen unter der Last der schweren Posttasche brennen, wenn er Tag für Tag die viele Post verteilt.«
Kevin A. Miller, Radiomoderator

Meide ihn ...! Kehre um und schlage einen anderen Weg ein.
Sprüche 4,15

Die meisten von uns haben alle mögliche unerwünschte Werbung im Briefkasten. Ich weiß noch, dass ich immer ein schlechtes Gewissen hatte, wenn ich eine Werbesendung ungeöffnet wegwerfen wollte, bis mir Gott gezeigt hat, dass ich nicht dazu verpflichtet bin, alles zu lesen, nur weil irgendjemand es mir unaufgefordert zugeschickt hat. Wenn ich es trotzdem tue, dann kontrollieren die anderen mein Leben.

Haben Sie schon einmal etwas bestellt und dann drei Monate später festgestellt, dass Sie zig verschiedene Prospekte zugeschickt bekommen, die Sie nie angefordert hatten? Haben Sie dann überall angerufen und gebeten, aus dem Verteiler gestrichen zu werden, was dann nie geschehen ist? Mir ist es schon so gegangen, und ich mag das gar nicht.

Es ist schon traurig, dass wir uns heutzutage vom Inhalt unseres Briefkastens überwältigt fühlen, bevor wir überhaupt angefangen haben, die Post zu sortieren. Wenn etwas nicht wichtig genug ist, um es jetzt zu lesen, oder zumindest in den nächsten paar Tagen, dann werden Sie es wahrscheinlich nie lesen.

Ich war beim Lesen einer abonnierten Zeitschrift einmal zwanzig Ausgaben im Rückstand. Trotzdem hatte ich die Hefte immer weiter gestapelt und mir vorgenommen, sie irgendwann zu lesen. Eines Tages war ich es dann so leid, diesen Stapel vor mir zu sehen, dass ich alle Hefte verschenkt habe. Ich bekomme diese Zeitschrift immer noch einmal im Monat zugeschickt, weil mir jemand das Abonnement geschenkt hat, und ich lese sie gerne, wenn ich Zeit habe. Aber wenn ich keine Zeit habe, sie zu lesen, verschenke ich sie jetzt sofort.

Der einzige Weg, die Stapel von Papier überall im Haus loszuwerden, über die ich mich am meisten aufrege, ist, sie systematisch weiterzugeben - entweder an den Papierkorb oder an andere, wenn es etwas von Wert ist. Aber stapeln Sie sie um Himmels Willen nicht weiter irgendwo auf!

56 Nutzen Sie die Anruferkennung

»Das Mobiltelefon hat öffentliche Plätze in riesige Telefonaktionen verwandelt, in denen Anrufer wie in ... Kokons privater Unterhaltungen existieren.«

Mary Schmich, Kolumnistin der *Chicago Tribune*

Seine Aufmerksamkeit ist geteilt [seine Interessen sind geteilt und er ist abgelenkt von seiner Hingabe an Gott].

1. Korinther 7,34

Erinnern Sie sich noch an das Leben vor dem Handy? Obwohl Mobiltelefone viele vorteilhafte Funktionen besitzen, kommt es mir so vor, als könnten wir nirgendwo mehr ohne sie hingehen ... Man hat auch den Eindruck, als müsste man immer alle Anrufe entgegennehmen.

Vor einigen Jahren konnte ich noch ohne Telefon einkaufen, mit Freunden essen gehen oder überhaupt ein paar Stunden außer Haus verbringen. Dave hat sich nie gefragt, wo ich gerade bin oder was ich tue und er hielt es auch nicht für notwendig, sich mit mir in Verbindung zu setzen. Heutzutage können wir jedoch meist nicht einmal für einen kurzen Zeitraum irgendwo hingehen, ohne dass unser Handy aus den unterschiedlichsten Gründen klingelt.

Es wird Zeit, dass wir uns von dem Gefühl verabschieden, jedes Mal ans Telefon gehen zu müssen, wenn es klingelt. Dies gilt auch für zu Hause. Falls Ihr Telefon zu Hause keine Anruferkennung hat, lohnt es sich, in ein neues Telefon zu investieren. Das ermöglicht Ihnen zu erkennen, wer angerufen hat oder gerade anruft, und wenn nötig, zurückzurufen, sobald es Ihre Zeit erlaubt. Wenn es wichtig ist, hinterlassen die Anrufer sowieso eine Nachricht.

Mir ist aufgefallen, dass wir oft wichtige Gelegenheiten verpassen, wenn wir am Telefon sind. Uns entgehen bedeutsame Gespräche mit Freunden und Familie während der Mahlzeiten. Oder wir verpassen die Chance, der Kassiererin im Supermarkt ein paar freundliche Worte zu sagen.

Ich weiß, wie praktisch und hilfreich Mobiltelefone sind. Aber wenn

Sie zum Beispiel mit der Familie zusammen sind oder andere Dinge tun, die Ihnen wichtig sind, dann fühlen Sie sich nicht verpflichtet, immer sofort ans Telefon zu gehen. Schließlich können Sie immer zurückrufen.

57 Kein Aufschub mehr

»Faulheit ist eine beständige Sünde und Arbeit eine Pflicht. Durch Faulheit bringt der Teufel Versuchung und unnütze, abschweifende Gedanken in unser Leben, während Arbeit uns und anderen nützt.«

Anne Baxter, Schauspielerin

Stets war ich euch ein Vorbild, wie ihr durch harte Arbeit den Armen helfen könnt. Behaltet die Worte von Jesus, dem Herrn, in Erinnerung: »Es ist segensreicher [macht glücklicher und ist erstrebenswerter] zu geben als zu nehmen«.

Apostelgeschichte 20,35

Fühlen Sie sich beim Anblick all der Dinge, die Sie eigentlich erledigen sollten, überfordert? Eine gute Methode, das Leben einfacher zu machen, ist, nie zu warten bis sich die Arbeit stapelt. Wenn man etwas nicht gerne macht, kann es schnell passieren, dass man beschließt, es auf später oder morgen zu verschieben. Es braucht Willenskraft, an einer Sache dran zu bleiben und seine Zeit nicht damit zu verschwenden, Ausreden zu finden, weshalb man die Sache jetzt nicht zu Ende bringen kann. Vielleicht haben Sie schon einmal die Redensart gehört: »Müßiggang ist aller Laster Anfang.«

Wenn wir faul sein wollen, finden wir unzählige Ausreden, um nicht arbeiten zu müssen. Vielleicht reden Sie sich selbst ein: »Für diese Sache brauche ich mehr Zeit.« Oder: »Dazu bin ich jetzt zu müde.« Was auch immer Sie sich als Ausrede ausdenken: wenn Sie arbeiten würden, hätten Sie gar keine Zeit, sich Ausreden auszudenken, und die Arbeit würde sich nicht stapeln.

Um das Leben leichter zu machen, braucht man Selbstdisziplin. Sie müssen überlegen, was erledigt werden muss und es dann der Reihe nach tun. Ohne Ausreden! Zunächst ist das vielleicht hart, vor allem wenn Sie bisher nicht viel Selbstdisziplin hatten. Aber Ordnung und Selbstbeherrschung zahlen sich aus. Die Bibel sagt, dass Disziplin inneren Frieden bringt (Hebräer 12,11).

Wenn Sie fest davon überzeugt sind, dass Sie eine bestimmte Sache erledigen sollten, ermutige ich Sie, es nicht aufzuschieben, es sei denn, es kommt ein unvorhergesehener Notfall dazwischen. Beschließen Sie, die Sache zu erledigen, und halten Sie an Ihrem Entschluss fest! Wenn Sie das tun, werden Sie sich besser fühlen und sich darüber freuen, dass Sie das Richtige getan haben.

58

Vorausplanen

»Sage dir selbst, was du sein willst, und dann tu, was dazu nötig ist.«

Epictetus, griechischer Philosoph

Das Herz des Menschen plant seinen Weg, aber der Herr lenkt seinen Schritt [und macht ihn sicher].

Sprüche 16,9 (ELB)

Kürzlich hatte ich einen Termin bei meinem Ernährungsberater und Fitnesstrainer, der mich betreut, damit ich so gesund und fit wie möglich bin. Nachdem er mich untersucht und mir meinen Trainingsplan gegeben hat, meinte er: »Wenn Sie das nicht fest einplanen, schaffen Sie es nicht.« Ich muss mir vornehmen, im Reformhaus einzukaufen, damit ich genug gesunde Sachen zum Essen im Haus habe. Man kann sich schnell falsch ernähren, wenn man nichts Gesundes zu essen im Haus hat. Wenn ich reise, muss ich vorausplanen und haltbare Nahrungsmittel mitnehmen, die in mein Ernährungsprogramm passen. Wenn ich essen gehe, muss ich planen, in welches Restaurant ich gehe, damit ich auf der Speisekarte etwas finde, das zu meiner Ernährung passt. All das erfordert Zeit und macht Mühe, aber wenn ich mein Ziel erreichen will, ist es unerlässlich.

Sorgfältig planen muss ich auch, wenn ich mir Zeit nehmen will, um zu trainieren. Ich muss eine Möglichkeit finden, ins Fitnessstudio zu gehen. Ich muss früh aufstehen und vielleicht andere Ausflüge ablehnen, um meinen Plan einzuhalten. Ich muss mich nicht sklavisch an alles halten, aber es braucht Disziplin.

Früher habe ich Trainingspläne gehasst und war mir sicher, dass ich für so etwas gar keine Zeit hatte, bis mir Gott zeigte, dass ich seinen Auftrag nicht erfüllen kann, wenn ich nicht körperlich fit bin. Es ist erstaunlich, was wir alles tun können, wenn wir es wirklich wollen. Meistens entschuldigen wir uns damit, dass wir keine Zeit haben, wenn wir etwas nicht tun wollen. Aber in Wirklichkeit nehmen wir uns dafür einfach nicht die Zeit. Uns allen steht jeden Tag die gleiche Zeit zur Verfügung. Was wir damit anfangen, bleibt uns überlassen. Wir sollten wenigsten ehrlich zu uns selbst und anderen sein und sagen: »Ich mache das nicht, weil ich mir die Zeit und Kraft dafür nicht nehmen will.« Die Wahrheit macht uns frei (Johannes 8,32). Wenn wir also anfangen ganz ehrlich mit uns selbst zu sein, wird sich vielleicht etwas zum Positiven ändern.

Diese Prinzipien gelten in jedem Lebensbereich. Daher ermutige ich Sie, sich betend zu überlegen, was Sie mit Ihrer Zeit anfangen wollen und dann entsprechend zu planen, damit Sie es auch wirklich tun. Wenn Sie etwas wirklich tun wollen, müssen Sie fest entschlossen sein, so dass andere Dinge Ihnen nicht die Zeit dafür rauben. Sie müssen Ihr Leben planen, statt sich vom Leben verplanen zu lassen.

59

Zeit kaufen

»Umgib dich mit den besten Leuten, die du finden kannst, delegiere Zuständigkeiten und misch dich dann nicht mehr ein, solange die Grundsätze, die du festgelegt hast, eingehalten werden.«

Ronald Reagan, ehemaliger US-Präsident

Für alles gibt es eine bestimmte Stunde. Und für jedes Vorhaben unter dem Himmel gibt es eine Zeit.

Prediger 3,1 (ELB)

Haben Sie das Gefühl, dass die Zeit immer knapper wird, je mehr Sie vorausplanen? Wenn Ihnen die Zeit zu knapp wird, sollten Sie vielleicht welche kaufen. Damit meine ich nicht, dass man im Supermarkt Zeit kaufen könnte, damit der Tag mehr als vierundzwanzig Stunden hat. Aber Sie können Zeit kaufen, indem Sie jemand anders dafür bezahlen, dass er einige Ihrer Aufgaben übernimmt, damit Sie Zeit für das haben, was Sie selbst tun müssen.

Wenn Sie es sich leisten können, denken Sie einmal darüber nach, jemanden einmal pro Woche zum Putzen oder Wäschewaschen und Bügeln anzustellen. Brauchen Sie jeden Monat und vor allem im Sommer viel Zeit, um sich um den Garten zu kümmern? Sie könnten auch einen Schüler oder eine Schülerin dafür bezahlen, Unkraut zu jäten und damit viel Zeit sparen. Jugendliche verdienen sich meistens gern etwas Geld. Wenn Sie mit Arbeit überlastet sind, werden Sie dieses Geld langfristig ohnehin für Medikamente und Arztbesuche ausgeben. Die meisten Menschen denken sofort, dass sie es sich nicht leisten können, jemanden zu bezahlen, der ihnen hilft. Aber stimmt das wirklich? Oder wollen wir nur nicht umdenken?

Manche Menschen haben mir sogar erklärt: »Eigentlich müsste ich das selbst schaffen.« Oder: »Ich habe einfach kein gutes Gefühl dabei, Geld für Hilfeleistungen auszugeben.« Vielleicht sollten Sie sich einmal ehrlich nach dem Grund fragen. Manche Menschen bestehen so felsenfest darauf, dafür kein Geld auszugeben, dass ihre Gesundheit oder ihre

Familie darunter leidet. Ich bin überzeugt, dass wir sparsam sein sollen, aber nicht geizig. Vielleicht müssen wir manchmal etwas Geld ausgeben, um mehr Geld zu verdienen. Vielleicht müssen wir auf manchen Gebieten die Hilfe anderer in Anspruch nehmen, um auf anderen Gebieten, die Gott uns zeigt, Erfolg zu haben.

Viele Menschen wünschen sich, etwas ganz Neues, Aufregendes zu tun, bleiben aber in ihren alten Denkweisen verhaftet, die jeden Fortschritt verhindern. Wir träumen vielleicht von all den Dingen, die wir in unserem Leben gerne tun möchten und zu denen wir uns vielleicht sogar berufen fühlen. Doch dann sind wir enttäuscht, weil wir die Zeit dazu nicht haben. Wir werden wahrscheinlich niemals dazu kommen, diese Dinge zu tun, wenn wir unseren Stolz nicht hinunterschlucken und uns ein bisschen Zeit kaufen.

Früher habe ich viele Dinge selbst getan, für die ich jetzt andere bezahle. Wenn ich das nicht mache, könnte ich auch dieses Buch hier nicht schreiben, weil ich die Zeit dazu nicht hätte. Wenn Sie sich das Leben leichter machen wollen, ist das vielleicht eine Lösung. Kaufen Sie etwas Zeit und kaufen Sie sich damit Ihr Leben zurück.

60

Organisieren

»Quäle dich nicht. Organisiere.«
Florynce Kennedy, amerikanische Menschen- und Frauenrechtlerin

Sie weiß genau, was in ihrem Haus vor sich geht, und Faulheit [Tratsch, Unzufriedenheit und Selbstmitleid] kennt sie nicht.
Sprüche 31,27

Wenn mein Umfeld organisiert ist, fühle ich mich auch organisiert. Wenn es dagegen unorganisiert und durcheinander ist, fühle ich mich genauso. Wenn ich mein Haus, meinen Kleiderschrank, mein Arbeitszimmer und so weiter nicht genauso gut organisiere wie meinen Zeitplan, wird mein Leben sehr kompliziert. Bei dem Versuch, mein Leben zu vereinfachen und Stress abzubauen, beschloss ich, dass ich besser organisiert sein musste, ganz besonders morgens. Morgens rechtzeitig aus dem Haus zu kommen, war für mich eine ziemliche Herausforderung. Wenn ich es schaffte, dann war ich vorher meistens so in Eile, dass ich verschwitzt, gereizt und ganz sicher nicht in der besten Laune war, um in den Tag zu starten. Vor einiger Zeit habe ich daher beschlossen, dass ich die Kleider für den nächsten Tag, einschließlich Schuhe, Handtasche und Schmuck, am Abend vorher bereitlegen würde. Jetzt mache ich mir abends eine Liste mit allem, was ich am nächsten Tag mitnehmen muss und lege so viel wie möglich schon vorher bereit.

Weil ich das abends mache, wenn ich mehr Zeit habe, ist morgens alles einfacher und entspannter. Den Tag mit Stress zu beginnen, ist nicht gut. Wenn wir so anfangen, bleibt es manchmal den ganzen Tag so. Wenn wir gleich im fünften Gang starten, scheint es manchmal unmöglich, wieder runterzuschalten.

Vor kurzem bin ich für drei Wochen verreist, was viel Vorbereitung braucht. Für diese Reise hatte ich nicht so viel Vorbereitungszeit wie sonst, so war es besonders wichtig, gut organisiert zu sein. Am nächsten Morgen um sechs Uhr kamen zwei Mitarbeiter, um uns zu helfen, alles einzuladen und zum Flughafen zu bringen. Da ich noch eine ganze

Latte Anweisungen für sie hatte, beschloss ich, sie am Abend vorher anzurufen, um ihnen zu sagen, was sie während meiner Abwesenheit erledigen mussten. Ich wollte das alles nicht am nächsten Morgen erledigen müssen, wenn wir damit beschäftigt sein würden, uns startklar zu machen. Es kam wie es kommen musste: einer der beiden Mitarbeiter verschlief am nächsten Morgen und kam zu spät. Aber weil ich vieles schon am Vorabend erledigt hatte, kamen wir immer noch ohne Stress rechtzeitig los. Ebenso hatte ich meine persönlichen Sachen schon die Woche über gepackt, statt im letzten Augenblick herumzurennen. Weil ich vorausgeplant hatte, lief alles gut organisiert und ganz anders, als es sonst gelaufen wäre.

Manche mögen sagen: »Ich bin einfach nicht so organisiert.« Aber ich glaube, jeder kann organisiert sein, wenn man sich einen Plan macht und diszipliniert daran festhält. Nicht alles auf den letzten Drücker zu erledigen, ist einer der ersten Schritte, um organisiert zu sein. Deshalb schlage ich Ihnen vor, dass Sie an diesem Punkt anfangen. Sie werden sich wundern, wie viel Sie erledigen können und wie gut Sie sich dabei fühlen werden.

61

Einfache Gebete

»Betet nicht um ein einfacheres Leben, betet darum, stärker zu sein! Betet nicht um Aufgaben, die eurer Kraft entsprechen, betet, dass eure Kraft euren Aufgaben entspricht.«
Phillip Brooks, amerikanischer Schriftsteller, 19. Jhd.

Lass doch dein Ohr aufmerksam und deine Augen offen sein, dass du auf das Gebet deines Knechtes hörst, das ich heute, Tag und Nacht ... vor dir bete.
Nehemia 1,6 (ELB)

Viele Menschen kämpfen mit dem Gebet. Ich glaube, dass sie frustriert und verwirrt sind, weil sie denken, einfache Gebete würde Gott nicht annehmen. Irgendwie sind wir der Vorstellung erlegen, dass Gebete immer wohl formuliert, lang und perfekt sein müssen. Gott hat mich aufgefordert, einfach zu beten, und ihm mit so wenig wie möglich Worten zu sagen, was ich will oder brauche, dabei aber absolut aufrichtig zu sein. Ich glaube, oft wollen wir so viel sagen, dass wir das Wesentliche aus den Augen verlieren. Wir schwafeln einfach weiter und weiter und haben Schwierigkeiten, wirklich mit Glauben zu beten. Dabei geht es mehr um unsere Worte als um Gott.

Manchmal beten wir sehr lange und haben immer noch das Gefühl, nicht fertig oder nicht zu Gott durchgedrungen zu sein. Ich glaube auch das kommt daher, weil wir nicht einfach beten. Wenn Sie zum Beispiel gesündigt haben, weil Sie unehrlich waren, könnten Sie einfach sagen: »Vater, bitte vergib mir, dass ich unehrlich war. Danke für deine Vergebung. In Jesu Namen, Amen.« Bleiben Sie noch einige Augenblicke so in Gottes Gegenwart und empfangen Sie im Glauben, worum Sie gerade gebetet haben. Wenn Sie jetzt gegenüber jemand anderem noch etwas richtig stellen müssen, tun Sie es. Aber seien Sie sich dabei bewusst, dass Sie von Gott nicht länger dafür verurteilt werden. Gott hat Ihnen vergeben, also können Sie sich auch selbst vergeben. So einfach ist das! Wenn Sie so beten, werden Sie spüren, dass Ihr Gebet beendet ist.

Der ganze Glaube ist einfach. Es gibt nichts Kompliziertes daran. Der Glaube hält sich an Gott, lehnt sich an ihn und vertraut auf ihn. Der Glaube glaubt an das Wort Gottes. Der Glaube weiß, dass Gott treu ist und dass ihm nichts unmöglich ist.

Gott selbst ist einfach. Als Mose ihn fragte, wer er sei, antwortete Gott: »Ich bin, der ich immer bin« (2. Mose 3,14). Wenn wir in der Bibel nach Antworten für unsere Probleme suchen, stellen wir immer wieder fest, dass sie in einfachen, klaren Worten sagt: »Glaube« (vgl. Johannes 11,40). Sie lehrt uns, dass wir einfach wie kleine Kinder zu Gott kommen sollen (Lukas 18,17). Wenn Kinder ihre Eltern um etwas bitten, drücken sie sich dabei meistens nicht gewählt aus, um ihre Eltern zu beeindrucken. Sie sagen es nüchtern, gerade heraus, mit einfachen Worten. Durch einfaches Beten wird auch Ihr Leben einfacher. Fangen Sie am besten sofort damit an, Gebete zu sprechen, die Gott erhört.

62

Mit Puffer leben

»Die Hälfte unseres Lebens verbringen wir damit, zu überlegen, was wir mit der Zeit anfangen könnten, die wir gespart haben, weil wir durchs Leben gehechelt sind, um Zeit zu sparen.«

Will Rogers, amerikanischer Humorist

Denn David sagte: Der Herr, der Gott Israels, hat seinem Volk Ruhe [und Frieden] verschafft.

1. Chronik 23,25 (ELB)

Wenn es Ihnen so geht wie mir, dann wollen Sie keine Sekunde verschwenden. Lieber erledigen Sie noch ein paar Anrufe, während Sie beim Frisör sitzen, als eine Zeitschrift zu lesen. Während die Reifen Ihres Autos gewechselt werden, erledigen Sie schnell noch etwas. Sie sind stolz darauf, keine Zeit zu verlieren. Das mag richtig erscheinen, ist aber nicht realistisch. Wenn ich meinen Zeitplan zu knapp kalkuliere, um Zeit zu sparen, bin ich am Ende immer frustriert und hetze nur herum, um nicht zu spät zu kommen. Man braucht Pufferzeiten. Das heißt, man muss zu jedem Termin oder jeder Aufgabe für den Notfall noch ein bisschen Zeit dazugeben, die man vielleicht am Ende gar nicht braucht. Ich habe endlich gelernt, mir einzugestehen, dass alle Dinge immer etwas länger dauern, als ich denke. Kleinigkeiten wie ein Anruf, wenn wir gerade gehen wollen, verschwundene Autoschlüssel oder ein vergessenes Handy rauben uns Zeit und machen alles sehr kompliziert, wenn wir unseren Zeitplan zu voll gepackt haben. Mir passiert es oft, dass ich mich ins Auto setze und wegfahre - und dann noch dreimal umkehren muss, weil ich in der Eile etwas vergessen habe.

Es scheint, als hätte ich mein ganzes Leben lang versucht, nie zu früh irgendwo zu sein, um keine Wartezeit zu verschenken. Ich muss auch gestehen, dass ich bis vor kurzem nie Pufferzeiten eingeplant habe und meistens entweder zu spät kam oder zwar pünktlich, aber dafür genervt und gestresst war. Aber die gute Nachricht ist, dass ich lerne. Ich habe es begriffen und plane jetzt immer ein bisschen mehr Zeit für unerwartete Dinge ein, die fast immer passieren. Ich habe es noch nicht ganz geschafft, aber ich bin entschlossen, weiter daran zu arbeiten, weil ich nicht mehr länger ein kompliziertes Leben führen will.

Es ist besser, weniger in Ruhe zu erledigen, als viel unter Stress. In welchen Lebensbereichen müssen Sie mehr Pufferzeiten einplanen? Ich schlage vor, dass Sie zu jedem Punkt auf Ihrer Aufgaben-Liste noch eine Viertelstunde dazurechnen. Wahrscheinlich werden Sie die sogar brauchen. Aber falls Sie dann zufällig doch etwas Zeit haben, versuchen Sie es einmal mit ausruhen. Machen Sie einen »Kurzurlaub«. Schließen Sie die Augen, legen Sie den Kopf zurück und entspannen Sie sich. Das hilft Ihnen, sich auf den nächsten Punkt auf Ihrer Liste vorzubereiten.

63

Kein falsches Verantwortungsbewusstsein

»Wir sind alle etwas, aber keiner von uns ist alles.«
Blaise Pascal, Mathematiker und Philosoph

Gott beschützt mich, er rettet die Menschen, deren Herzen aufrichtig sind.

Psalm 7,11

Ich hatte schon immer sehr viel Verantwortungsbewusstsein und rege mich leicht über verantwortungslose Menschen auf. Früher habe ich mich oft darüber geärgert, so verantwortungsbewusst zu sein, weil verantwortungslose Menschen mehr Freiheit zu haben schienen, bis mir Gott zeigte, dass ich ein übertriebenes Verantwortungsbewusstsein hatte. Vieles von dem, was ich tat, war gar nicht notwendig. Vielleicht stecken manche von Ihnen im gleichen Dilemma.

Springen Sie automatisch in die Bresche, erledigen, was auch immer getan werden muss und tun sich dann hinterher selbst leid, weil Sie immer alles machen müssen? Sie können weiter frustriert sein, oder Sie können beschließen, sich zu ändern. Vielleicht wurden Sie einmal von jemandem verletzt oder enttäuscht, der seine Verantwortung nicht wahrgenommen hat und wollen das zukünftig vermeiden, indem Sie alles selbst machen. Aus Erfahrung habe ich allerdings gelernt, dass dieses Verhalten das Problem nur noch verstärkt. Vielleicht unterstützen Sie auf diese Art sogar die Verantwortungslosigkeit anderer, weil Sie das erledigen, was andere unbedingt lernen sollten, selbst zu tun.

Es kommt viel zu oft vor, dass Menschen ihre Pflichten nicht erfüllen. Wenn sie dann in Schwierigkeiten kommen, erwarten sie, dass jemand anderes einspringt und sie rettet. Wir wollen Menschen, die wir lieben, helfen, aber manchmal hilft harte Liebe mehr als nachgiebig zu sein. Wenn wir die Aufgaben anderer Leute erledigen, unterstützen wir damit ihre faule, unreife, verantwortungslose Art. Versuchen Sie doch einmal, ihnen zu zeigen, dass sie die Konsequenzen selbst tragen müssen, wenn sie ihre Aufgaben nicht erfüllen. Bleiben Sie hart.

Wenn jemand, auf den ich mich verlasse, etwas mehrfach vergessen hat, dann tendiere ich dazu, seine Aufgabe ganz automatisch zu übernehmen. Es ist einfacher, es selbst zu erledigen, als dafür zu sorgen, dass der andere es erledigt. Aber ich lerne, dafür zu sorgen, dass andere ihre Verantwortung selbst wahrnehmen. Wenn sie es nicht tun, suche ich jemand anderes, der es tut. Ich verletze andere ungern, und das ist eine gute Eigenschaft, aber sie kann auch problematisch werden, wenn man nicht die Balance hält. Es ist nicht klug, sein eigenes Leben damit kaputt zu machen, dass man versucht, anderen ständig das Leben zu retten.

Ich habe oft dazu tendiert, Dinge selbst zu erledigen, um sicher zu sein, dass sie so erledigt werden, wie ich es wollte. Aber Gott hat mir gezeigt, dass ein demütiger Mensch weiß, dass seine Art, Dinge zu tun, nicht die einzig richtige ist. Man muss anderen Raum geben, sie selbst zu sein, indem man sie Dinge auf ihre Art tun lässt. Ihr Ehepartner räumt das Geschirr anders in die Schränke als Sie. Solange es aufgeräumt ist, ist es doch egal, ob es genau so eingeräumt ist, wie Sie es machen würden, oder nicht?

Wenn Ihnen Ihr Leben zu kompliziert erscheint, versuchen Sie einmal, nur Ihre eigene Verantwortung zu erfüllen, aber nicht die anderer Menschen - außer in Notfällen. Fangen Sie jetzt damit an und überlegen Sie einmal genau, ob Sie all das, was Sie tun, wirklich tun müssen.

64 Kümmern Sie sich nicht um alle

»Ich war so fürsorglich, dass ich einmal ein Jahr lang versucht habe, einem Stück versteinertem Holz, das ich gefunden hatte, die Angst zu nehmen, damit es nicht vor Schreck wie erstarrt sein muss.«

Terry Kellogg, Umweltschützer

Jeder achte genau auf sein eigenes Leben und Handeln ...

Galater 6,4

Sind Sie fürsorglich? Manche Menschen beziehen ihren Selbstwert daher, dass sie sich um die ganze Welt kümmern. Es ist ihre Identität, und sie sind stolz darauf. Aber die meisten dieser Menschen werden letztlich zu Märtyrern. Sie kümmern sich um alle, beklagen sich aber gleichzeitig ständig darüber. Sie opfern sich selbst und machen allen anderen ein schlechtes Gewissen dafür.

Das Interessante an diesen Menschen ist, dass man sie nicht davon abbringen kann. Sie wollen weder Hilfe noch eine Lösung; sie wollen einfach nur jammern. Ich kenne eine Frau, die sich die ganze Zeit darüber beklagt, dass sie sich ganz und gar für andere aufgeopfert hat, und wie ungerecht das sei. Trotzdem schnappt sie sich jeden, um den sie sich kümmern kann.

Manche Menschen haben jedoch das Gefühl, darin gefangen zu sein, und wissen nicht, wie sie herauskommen sollen. Wenn das auf Sie zutrifft, schlage ich vor, Sie überlegen sich, was wirklich in Ihrer Verantwortung liegt, und lassen alles andere bleiben. Natürlich werden manche Menschen das nicht verstehen. Sie werden vielleicht sogar wütend und unfreundlich zu Ihnen. Aber Sie haben wenigstens Ihr Leben wieder und bleiben bei Verstand.

Ich habe einmal vier Jahre lang versucht, jemandem zu helfen, der zutiefst verletzt war und in einer kaputten Familie aufgewachsen ist. Ich wünschte mir so sehr, dass er eine Chance bekam, ein gutes Leben zu führen. Solange wir uns mit unserer Zeit, unserem Geld und unserer Kraft für ihn einsetzten, lief auch alles ganz gut. Aber dann wurde es

Zeit, dass er auf eigenen Füßen stand. Er hatte eine Arbeitsstelle, eine Wohnung, ein Auto, Freunde und alle Voraussetzungen für ein gelingendes Leben. Aber sobald wir uns nicht mehr um alles kümmerten, lief wieder alles wie früher. Er geriet in Schwierigkeiten, und jemand rief uns an, damit wir ihn abholten. Nach dem dritten Mal wurde uns klar, dass wir uns viel mehr wünschten, dass er heil wurde, als er selbst. Wir mussten ihn loslassen.

Wenn Sie seit Jahren versuchen, jemandem zu helfen, und dieser Person ist immer noch nicht »geholfen«, sollten Sie einmal darüber nachdenken, ob diese Person wirklich will, dass ihr geholfen wird. Sie würden vielleicht gerne sehen, dass sich das Leben dieser Person verändert, aber vielleicht will derjenige sich nicht ändern. Wenn Sie ein einfacheres Leben wollen, dann helfen Sie so viel Sie können. Aber werden Sie nicht zum professionellen Helfer, der sich ausgenutzt und ausgebrannt fühlt.

65 Kontrolle abgeben

»Wir können getrost alles loslassen, das wir nicht in die Ewigkeit mitnehmen können.«

Anna R. Brown Lindsay, Schriftstellerin

Ihr aber werdet nicht mehr von eurer sündigen Natur, sondern vom Geist Gottes beherrscht, wenn Gottes Geist in euch lebt. Wer aber den Geist Christi nicht hat, der gehört nicht zu Christus [ist kein Kind Gottes].

Römer 8,9

Kürzlich habe ich ein Buch gelesen, das mir sehr gefallen hat: »Außer Kontrolle und begeistert darüber!« von Lisa Bevere.[2] Der Titel klingt zunächst seltsam, aber es geht darum, dass sie ihr Leben und die Menschen um sich herum nicht mehr zu kontrollieren versucht und es seither mehr denn je genießt.

Ich bin ein echter Macher-Typ und ungeduldig und perfektionistisch veranlagt, komme aus einer zerrütteten Familie und wurde ebenfalls von einem solchen Macher-Typ erzogen. Als ich erwachsen war, wollte ich daher alles und jeden kontrollieren. Ich muss heute immer noch daran arbeiten und mich gelegentlich daran erinnern, dass jeder Mensch das Recht hat, sein eigenes Leben zu leben. Aber ich habe schon viel gelernt. Ich habe gemerkt, dass das Leben extrem kompliziert wird, wenn wir meinen, wir müssten alles unter Kontrolle haben. Nur Gott hat alles unter Kontrolle! Diese Tatsache anzuerkennen, Dinge loszulassen und Gott Gott sein zu lassen, sind die ersten Schritte auf dem Weg zu einem einfacheren Leben.

Ich mag es, mit meinem Mann Dave, abends zusammen einen Film anzuschauen. Er geht auf meinen Wunsch ein, bittet mich aber manchmal, noch zu warten, weil er noch duschen will. Gelegentlich ist er dann noch mit anderen Dingen beschäftigt, bevor er dazu kommt zu duschen, und schon ist eine Stunde vergangen und Dave will immer

[2] dt. Ausgabe: Adullam Verlag, Grasbrunn, 2005.

noch »nur noch schnell duschen«. Inzwischen habe ich die Warterei satt und bin verärgert, weil für meinen Geschmack alles viel zu langsam geht. So ging das jahrelang, bis ich kürzlich dachte: *Warum ist es so wichtig, dass Dave rechtzeitig zum Beginn des Films da ist?* Jetzt sage ich nur noch: »Schatz, ich fange um sieben an, einen Film zu schauen - falls du ihn auch sehen willst.« Ich lege den Film um sieben ein und lasse Dave das tun, was er will, ohne über ihn bestimmen zu wollen. Ich genieße den Abend, und er kommt dann später dazu und fragt mich ständig, was inzwischen passiert ist. Jetzt muss ich lernen, mich darüber nicht zu ärgern.

Es gab auch schon Gelegenheiten, da meinte Dave, er wolle nur kurz nach oben gehen und auf dem anderen Fernseher die Sportergebnisse sehen, sei aber in einer Viertelstunde wieder zurück. Das Problem ist, dass ich ihn dann meistens zum letzten Mal an diesem Abend gesehen habe. Jetzt kann ich lachen, wenn ich daran denke wie oft ich mich darüber aufgeregt habe. Aber es hat nichts geändert. Heute lasse ich ihn einfach machen, was er will. Dave habe ich zwar nicht unter Kontrolle, dafür aber die Fernbedienung!

66

Anpassungsfähigkeit

»Passe dich an die Umstände an, in die dich dein Schicksal stellt und liebe die Menschen, mit denen dich die Vorsehung zusammengebracht hat, von ganzem Herzen.«

Mark Aurel, römischer Kaiser

Wieder andere [Samen] fielen auf fruchtbaren Boden und brachten eine Getreideernte mit dem dreißig-, sechzig- ja hundertfachen Ertrag ein.

Markus 4,8

Wenn Ihr Lebensmotto »entweder so, oder gar nicht« lautet, dann werden Sie es ganz schön schwer haben. Natürlich gibt es immer nachgiebige Menschen, die Sie um des lieben Friedens willen gewähren lassen. Aber Sie werden vielleicht auch Menschen begegnen, die auf keinen Fall nachgeben werden. Wenn Sie nie gelernt haben, auch einmal nachzugeben und sich anderen anzupassen, ist es sehr wahrscheinlich, dass Sie oft verärgert sind oder andere sich über Sie ärgern. So ist Ihr Leben sicher nicht einfach.

Stolz ist die Ursache für die fehlende Bereitschaft, nachzugeben und sich den Wünschen anderer anzupassen. Gott sagt in der Bibel, dass er uns zur richtigen Zeit ehren wird, wenn wir uns demütig unter seine Hand beugen (1. Petrus 5,6). Mit anderen Worten: Wenn wir bereit sind, alles zu tun, um Gottes Willen zu erfüllen, wird er uns zur rechten Zeit einen Ehrenplatz geben, den wir selbst nie erreicht hätten.

Unseren Kopf durchzusetzen, ist längst nicht so wichtig, wie wir denken. Wir kämpfen und streiten um das, was wir wollen. Dabei sind wir in Wirklichkeit viel glücklicher, wenn wir andere glücklich machen können, als wenn wir uns nur um uns selbst drehen.

Es ist viel einfacher, nachzugeben und in Frieden zu leben, als zu kämpfen und in Unfrieden zu leben. Uneinigkeit und Konflikte sind das Ergebnis, wenn wir versuchen, zu bekommen, was wir wollen, statt Gott darum zu bitten und auf den richtigen Moment zu warten (Jakobus 4,1-2).

Ich habe jahrelang mit diesem Prinzip gekämpft, bis ich schließlich zu dem Schluss kam, dass Friede wichtiger ist als Stolz. Wenn Sie Ihr Leben wirklich einfacher gestalten wollen, kann ich Ihnen nur dringend empfehlen, sich anzupassen.

67 Ändern Sie nichts, was Sie nicht ändern können

»Gott, gib mit die Gelassenheit, Dinge hinzunehmen, die ich nicht ändern kann ...«

aus Reinhold Niebuhr, »Das Gelassenheitsgebet«, 1. Zeile

Begreifst du, wie Gott ... den Blitz aus den Wolken hervorzucken lässt? Durchschaust du, wie die Wolken am Himmel dahinschweben? Kannst du die Wunder fassen, die Gott in seiner vollkommenen Weisheit tut?

Hiob 37,15-16

Wer versucht, etwas zu tun, was er nicht tun kann, ist nur frustriert und fühlt sich als Versager. Wir müssen lernen, zu unterscheiden, was wir können und was nicht. Wir sind Gottes Partner, und in einer Partnerschaft hat jeder seinen Teil zu erfüllen. Die Partnerschaft funktioniert am besten, wenn jeder der Partner das tut, was er am besten kann.

Ich habe viele Dinge an mir und in meinem Umfeld zu ändern versucht, die in Wirklichkeit nur Gott ändern kann. Ich habe versucht, meinen Mann, meine Kinder, meine Nachbarn, mich selbst und meine Situation zu verändern. Immer wieder habe ich dabei versagt, aber ich habe immer wieder von Neuem angefangen, an einem »Projekt« zu arbeiten. Ich habe zwar gesagt, dass ich Gott vertraue, aber in Wirklichkeit habe ich nur mir selbst vertraut. Gottes Wege und Zeitplan sind nicht wie unsere. Doch wenn wir das Warten satt haben, nehmen wir die Dinge meist selbst in die Hand. Dadurch fühlt sich Gott aber nicht gedrängt, jetzt schnell das zu tun, was wir wollen. Wir verlängern nur unsere Wartezeit und sind enttäuscht.

Es ist wichtig zu wissen, was wir selbst tun können und es dann auch zu tun. Aber es ist genauso wichtig zu wissen, was wir nicht tun können. Sie können sich das Leben sehr viel leichter machen, indem Sie aufhören, das zu tun, was Sie ohnehin nicht können. Wir müssen keine Superhelden sein. Erlauben Sie sich, das zu sein, was Sie sind - ein unvollkommenes menschliches Wesen, das auf Hilfe angewiesen ist!

68 Ändern Sie, was Sie ändern können

»[Gott gib mir]... den Mut, Dinge zu ändern, die ich ändern kann ...«

aus Reinhold Niebuhr, »Das Gelassenheitsgebet«, 2. Zeile

Denke daran, dass du [durch Unterordnung] sein Werk preist, das Menschen besingen!

Hiob 36,24 (ELB)

Ein kompliziertes Leben kann man nur durch positive Veränderungen einfacher gestalten. Wir müssen also ändern, was wir ändern können. Manche Menschen behaupten, dass sie Veränderungen hassen, aber in Wirklichkeit lieben sie das Ergebnis der Veränderung. Sie mögen nur den Prozess der Veränderung nicht.

Bei Veränderungen fühlen wir uns oft eine Zeit lang orientierungslos. Wir sind nicht mehr, wie wir waren, aber wissen auch noch nicht, wie wir sein werden. Jedes Mal, wenn wir uns mutig auf Veränderungen einlassen, gehen wir das Risiko ein, dass es auch schief gehen könnte. Das Ergebnis nach der Veränderung ist vielleicht nicht so gut wie vorher. Es könnte aber auch viel besser werden. Herausfinden können wir das nur, indem wir es ausprobieren.

Haben Sie schon seit Langem darüber nachgedacht, etwas zu verändern, haben es aber nie wirklich in Angriff genommen? Gute Absichten alleine reichen nicht. Gott hält nach den Mutigen Ausschau, die seine Stimme hören und danach handeln.

Es gibt nur einen Weg, herauszufinden, was sein könnte: Sie müssen aufgeben, was jetzt ist. Erweiterungen fordern immer Investitionen. Ich musste eine sichere Arbeitsstelle in einer Gemeinde aufgeben, um eine eigene Arbeit aufzubauen. Am Anfang war es beängstigend und ich fühlte mich einsam. Doch im Innersten wusste ich, dass diese Veränderung richtig war. Ich musste investieren, was ich hatte, bekam aber letzten Endes viel mehr zurück, als ich aufgegeben hatte.

Sich regelmäßig auf notwendige Veränderungen einzulassen, macht das Leben einfacher. Sie beschneiden die Zweige, die weg müssen (geben unnötige Dinge auf), entrümpeln Ihr Leben und schaffen Platz für Neues, Frisches.

69 Realistische Erwartungen haben

»Erwarte nichts, lebe sparsam von Überraschungen.«
Alice Walker, Schriftstellerin (Die Farbe Lila)

Mein Herr, auf was kann ich hoffen [was kann ich erwarten]? Meine einzige Hoffnung bist du [meine ganze Erwartung ist in dir].

Psalm 39,8

Wenn wir von jemandem etwas erwarten, das wir eigentlich nur von Gott erwarten sollten, werden wir enttäuscht werden. Bitten Sie Gott um die Dinge, die Sie brauchen. Vertrauen Sie dann darauf, dass er Ihr Gebet durch jemanden seiner Wahl beantwortet. Die Bibel sagt, Jesus kannte die menschliche Natur und vertraute sich den Menschen deshalb nicht an (Johannes 2, 24-25). Er wusste nur zu genau, wie unvollkommen die Menschen waren, und dass sie niemals alle Erwartungen erfüllen konnten. Jesus hatte gute Beziehungen, war aber gleichzeitig sehr realistisch in seinen Erwartungen.

Ich wurde schon öfter im Leben sehr verletzt, weil ich von Menschen erwartet hatte, was nur Gott mir geben kann. Eine der Lektionen, die ich auf die harte Tour lernen musste, hatte mit meinem eigenen Selbstwertgefühl zu tun. Lange Zeit war ich davon abhängig, dass mir andere Menschen meinen Selbstwert gaben, statt ihn von Jesus und seiner Liebe zu mir zu bekommen. Wenn wir unsere Hoffnung und Erwartung auf Jesus setzen, werden wir nicht enttäuscht werden.

Normalerweise verletzen uns andere Menschen nicht absichtlich. Aber wir verletzen und enttäuschen einander deshalb, weil wir angeborene Schwächen haben. Wir sind von Natur aus egoistisch und tendieren dazu, das zu tun, was für uns selbst am besten ist, statt das, was für andere am besten ist. Wenn wir durch unsere Beziehung zu Jesus geistlich reifen, können wir diese selbstsüchtigen Tendenzen überwinden. Aber in diesem Veränderungsprozess werden wir Fehler machen.

Manchmal erwarten wir Dinge von anderen, die gar nicht wissen, dass wir Erwartungen an sie haben. Wir sind verärgert und verletzt, weil wir uns im Stich gelassen fühlen. Dabei weiß derjenige, der uns verletzt hat, überhaupt nicht, was er getan haben soll. Beschließen Sie, Ihre Erwartungen ganz auf Gott zu setzen. Vertrauen Sie auf *ihn* bei allem, was Sie sich wünschen oder brauchen, dann wird Ihr Leben viel einfacher.

70 Fortschritt kommt Schritt für Schritt

»Geduld und Ausdauer haben magische Kräfte, durch die sich Schwierigkeiten in Luft auflösen und Hindernisse verschwinden.«

John Quincy Adams, ehem. US-Präsident

Die Ausdauer aber soll zu einem vollendeten Werk führen; denn so werdet ihr vollendet und untadelig sein, es wird euch nichts mehr fehlen.

Jakobus 1,4 (EU)

Alles, was wächst oder sich verändert, tut dies allmählich. Same, der ausgestreut wird, bringt nicht augenblicklich Frucht. Der Landwirt muss Geduld haben. Wir auch. Gott gibt uns den Sieg über unsere Feinde Stück für Stück (5. Mose 7,22). Es ist selten, dass er sie alle auf einmal mit einem gewaltigen Schlag vernichtet. Wenn wir uns gründlich mit der Bibel beschäftigen, verändert er uns Stück für Stück immer mehr in sein Ebenbild (2. Korinther 3,18). Wir erleben die Erfüllung seiner Verheißungen durch den Glauben und durch Geduld (Hebräer 10,36).

Wenn wir ungeduldig werden, geht es uns dadurch meistens nur schlechter. Doch Gott beeilt sich deshalb nicht. Sein Zeitplan ist perfekt. Das Beste, was wir tun können, ist, zu beschließen, die Reise durchs Leben zu genießen. Genießen Sie jeden Fortschritt in Ihrer Entwicklung, sonst werden Sie einen guten Teil Ihres Lebens damit verschwenden, sich über Dinge zu ärgern, die Sie ohnehin nicht ändern können.

Sofortige Befriedigung zu erwarten, ist eine unrealistische Erwartung, durch die Sie nur enttäuscht und verärgert werden. Wenn Sie Ihr Leben einfacher machen wollen, müssen Sie die Art ändern, wie Sie an die Dinge herangehen. Wenn Sie verstehen lernen, dass alles ein Prozess ist, der seine Zeit braucht, können Sie entspannter sein und jeden Schritt auf dem Weg dahin genießen.

Die Frucht der Geduld ist als Same schon in Sie hineingelegt. Wenn Sie in einer positiven Haltung abwarten, wird er wachsen und sich entfalten. Sie sind vielleicht noch nicht da, wo Sie gerne wären, aber Sie machen Fortschritte!

71 Klug werden statt ausbrennen

»Nicht die Erinnerung an unsere Vergangenheit macht uns weise, sondern die Verantwortung für unsere Zukunft.«
George Bernard Shaw, Literatur-Nobelpreisträger

Glücklich [gesegnet, zu beneiden] der Mensch, der Weisheit gefunden hat, der Mensch, der Verständnis erlangt [aus Gottes Wort und seiner Lebenserfahrung]!

Sprüche 3,13 (ELB)

Weisheit ist realistisch! Weise Menschen gestehen sich ihre Grenzen ein und vermeiden es, Übermenschliches leisten zu wollen. Gott hat keine Grenzen und kann durch uns Dinge tun, die wir aus uns heraus niemals tun könnten. Aber wenn wir bei unserer Zeitplanung und den Verpflichtungen, die wir eingehen, nicht weise vorgehen, werden wir ausbrennen.

Jesus hat gesagt, wir sollen zu ihm kommen, wenn wir mühselig und beladen sind. Er wird uns Ruhe geben (Matthäus 11,28). Er schenkt uns zum Beispiel Ruhe, indem er uns zeigt, was wir in unserem Leben ändern müssen.

Waren Sie schon einmal total ausgebrannt? Ich schon, und das ist gar nicht lustig. Diese Erfahrung möchte ich nicht noch einmal machen. Ich liebe meine Arbeit, aber eines Tages bin ich an unserem Bürogebäude vorbeigefahren und habe ihm die Zunge herausgestreckt. In dem Augenblick dachte ich nur: *Ich will nie wieder etwas von Joyce Meyer Ministries hören.* Natürlich habe ich das nicht wirklich ernst gemeint. Aber in diesem Moment dachte ich, ich würde es ernst meinen. Warum habe ich mich so gefühlt? Ich hatte zu diesem Zeitpunkt innerhalb von dreizehn Wochen auf dreizehn verschiedenen Konferenzen gesprochen und war vollkommen ausgebrannt. Ich musste eine langsamere Gangart einlegen, brauchte Abwechslung und Ruhe. Als ich das bekam, fühlte ich mich wieder normal und konnte wieder weitermachen.

Ausgebrannt sein kommt nicht über Nacht. Wenn Sie merken, dass Sie schlecht gelaunt sind, sich nur zur Arbeit schleppen, so früh wie möglich wieder nach Hause wollen, Ihnen Dinge, die Ihnen früher wichtig waren, auf einmal egal sind, oder Sie sich krank fühlen, aber nicht wissen, was Ihnen fehlt - dann sind das vielleicht die ersten Anzeichen. Manche Menschen ignorieren diese Warnsignale und machen so lange weiter, bis sie einen richtigen Burnout haben, von dem sie sich nicht wieder erholen. Sie geben Dinge auf, die Gott für sie geplant hatte, nur weil sie ihre eigenen Bedürfnisse nicht realistisch sehen konnten. Man lebt leichter, wenn man sich ein bisschen bremst und so mehr im Leben erreicht, als wenn man durch einen Burnout entgleist.

72 Zeiten des Alleinseins pflegen

»Ich liebe Menschen, ich liebe meine Familie, meine Kinder ... aber in mir drin gibt es einen Ort, an dem ich ganz alleine bin, und dort ist meine Kraftquelle, die nie versiegt.«

Pearl S. Buck, Schriftstellerin

Dann wird mein Volk wohnen an einer Wohnstätte des Friedens und in sicheren Wohnungen und an sorgenfreien Ruheplätzen.

Jesaja 32,18 (ELB)

Allein zu sein und Zeiten der Stille zu genießen, tut unserer Seele gut. Jeder Mensch braucht regelmäßig Zeit, um nachzudenken und innerlich zur Ruhe zu kommen. Der Geist muss zur Ruhe kommen. Er braucht den Frieden, der aus der Einsamkeit kommt. Die Gefühle müssen sich wieder beruhigen. Sie müssen sich vom Alltag erholen. Wenn wir erschöpft sind und das Gefühl haben, nicht mehr weiterzukönnen, dann hilft uns das Alleinsein, unsere Entschlossenheit wiederzufinden, die wir brauchen, um unseren Weg mit Freude zu Ende zu gehen.

Jesus hat sich regelmäßig in die Berge zurückgezogen, um alleine zu sein. Durch die Einsamkeit wurde er erfrischt und gestärkt. In der Stille hören wir Gott und erhalten die Bestätigung für die Richtung, die wir in unserem Leben einschlagen sollen.

Ohne den Rückzug in die Einsamkeit gerät mein Leben aus den Fugen. Nichts ergibt mehr Sinn. Ich fühle mich durch die Erwartungen der anderen an mich überwältigt. Ich weiß nicht mehr, wozu ich Ja oder Nein sagen soll. Ich bin verwirrt, meine Gefühle fahren Achterbahn und oft möchte ich einfach nur davonlaufen. Aber nach einem Rückzug in die Stille - allein sein, beten, meditieren - ist alles wieder anders. In diesen Zeiten der Stille finde ich Weisheit und eine neue Ausrichtung.

Ich liebe die Einsamkeit und den Frieden, den ich dort finde. Sie bereiten mich auf den anderen Teil meines Lebens vor. Nehmen Sie sich die Zeit, sich einmal am Tag, in der Woche oder auch im Monat in die Einsamkeit zurückzuziehen. Stehen Sie früh auf und beobachten Sie zusammen mit Gott den Sonnenaufgang. Suchen Sie sich ein stilles

Fleckchen in der Natur und genießen Sie die Schönheit von Gottes Schöpfung. Wie auch immer Sie es machen, ich empfehle Ihnen dringend, Zeiten des Alleinseins zu pflegen, denn dort finden Sie die Antworten, die Sie brauchen, um ein einfaches Leben zu genießen.

73 Die Ewigkeit im Blick haben

»Nimm dir den Himmel vor, dann bekommst du die Erde dazu. Nimm dir die Erde vor und du bekommst keins von beiden.«

C. S. Lewis, Schriftsteller und Literaturwissenschaftler
(Die Chroniken von Narnia)

Richtet eure Gedanken auf Gottes unsichtbare Welt und nicht auf das, was die irdische Welt zu bieten hat.

Kolosser 3,2 (HFA)

Viele Menschen denken nur an heute oder das, was in den nächsten Monaten kommt. Manche denken höchstens noch an ihre Rentenzeit. Wir denken und planen in einem zeitlichen Rahmen, aber Gott denkt und plant in der Ewigkeit. Uns interessiert mehr, was sich jetzt gerade »gut anfühlt«, was unmittelbare Ergebnisse bringt. Gott plant das Ziel für unser Leben in der Ewigkeit.

Eine Art, das Leben zu vereinfachen, ist, aufzuhören jede Kleinigkeit unseres Lebens hier auf der Erde zu planen und stattdessen Gott zu vertrauen, der uns jeden Tag führt. Wenn wir Gottes Führung folgen, zeigt er uns nicht nur, was jetzt gerade gut für uns ist, sondern auch, was für die Ewigkeit am besten ist. Gott sieht und versteht, was wir nicht sehen oder verstehen. Er will, dass wir ihm und seinem perfekten Zeitplan vertrauen.

Wenn wir uns auf das große Bild - die Ewigkeit - ausrichten, können wir uns viele Zeiten ersparen, in denen wir uns nur Sorgen um Dinge machen, die nicht so laufen, wie wir denken, dass sie es sollten. Das Verlangen, alles vorher wissen zu wollen, ist unsere Art, für uns selbst zu sorgen. Hören Sie auf zu grübeln und genießen Sie das wunderbar einfache, kraftvolle Leben, das Gott für Sie bereithält. Und natürlich auch den Segen in der Ewigkeit, wenn wir seinem Plan für unser Leben vertrauen.

74

Einen Tag nach dem anderen nehmen

»Lebe weder in der Vergangenheit, noch in der Zukunft, sondern richte deine gesamte Energie auf den heutigen Tag und befriedige deinen Ehrgeiz.«

Sir William Osler, Mediziner

Deshalb bemühe ich mich auch [disziplinieren mich, töte meine fleischlichen Gelüste und weltlichen Wünsche], immer ein reines Gewissen vor Gott und den Menschen zu haben.

Apostelgeschichte 24,16 (HFA)

Pflichten, die wir ignorieren, sammeln sich und werden bald zu einem überwältigenden Berg. Aber tägliche Disziplin befähigt uns, friedlich zu leben. Gottes Wort sagt, dass Züchtigung zunächst nie angenehm erscheint, aber später die friedvolle Frucht der Gerechtigkeit bringt (Hebräer 12,11). Anders ausgedrückt, das Richtige zu tun, mag vielleicht eine Herausforderung sein und zunächst Selbstdisziplin erfordern. Doch das Wissen, dass wir unsere Pflicht getan haben, bringt uns Frieden.

Täglich ein bisschen Disziplin bewahrt uns davor, dass wir plötzlich vor einem Berg von Arbeit stehen, der menschlich nicht mehr zu bewältigen ist. Wenn wir Dinge, die heute fällig sind, aufschieben, sind sie trotzdem noch fällig, und unsere Liste für den nächsten Tag wird nur länger. So sammeln sich Tag für Tag neue Dinge an, und schon bald wird der Alltag verwirrend, frustrierend und überwältigend. Wir sind bedrückt und entmutigt.

Disziplin heißt, dass wir unserem natürlichen Verlangen, Dinge aufzuschieben, immer wieder widerstehen müssen. Der Apostel Paulus hat es so ausgedrückt: »Ich sterbe jeden Tag.« Damit meinte er nicht seinen körperlichen Tod, sondern dass er sich immer wieder selbst etwas verbieten musste, wenn das, was er wollte, nicht mit dem Heiligen Geist übereinstimmte.

Wenn Ihre Selbstdisziplin aus Mangel an Übung etwas schwach ist, rate ich Ihnen, gleich wieder anzufangen zu trainieren. Am Anfang bekommen Sie vielleicht ein bisschen »Muskelkater«, aber bald schon werden Sie ein friedliches, einfaches Leben genießen.

75

Gott ist auf unserer Seite

»Wenn unser Vertrauen in Gott von unserem Vertrauen in einen anderen Mensch abhinge, bewegten wir uns wie auf Treibsand.«

Francis Schaeffer, amerikanischer Theologe

Gott ist treu [zuverlässig, vertrauenswürdig und hält deshalb sein Versprechen und ist verlässlich].

1. Korinther 1,9

Statistiken belegen, dass zehn Prozent aller Menschen, die uns begegnen, uns nicht mögen. Daran können wir nichts ändern, außer uns darüber Sorgen zu machen. Aber selbst dann werden sie ihre Meinung über uns nicht ändern.

Die Wahrheit ist aber: Da Gott auf unserer Seite und so mächtig und Ehrfurcht gebietend ist, ist es nicht so wichtig, wer gegen uns ist (Römer 8,31). Denken Sie daran, wer für Sie ist, nicht wer gegen Sie ist. Es gibt jede Menge Menschen, die Sie lieben und annehmen. Es ist viel angenehmer, an sie zu denken. Wir sollten uns darin üben, an das zu denken, was wir haben, statt an das, was wir nicht haben. Wir haben Gott. Er hat versprochen, uns niemals zu verlassen oder im Stich zu lassen, also sind wir nie alleine. Er ist mehr als genug.

Wenn Sie hören, dass jemand Sie nicht mag oder mit Ihnen nicht zufrieden ist, regen Sie sich darüber nicht auf. Konzentrieren Sie sich auf Jesus; er ist immer Ihr bester Freund.

Wenn Sie sich gerade einer riesigen Herausforderung gegenübersehen, und Sie glauben, sie sei zu groß, dann sagen Sie einmal laut zu sich selbst: »Gott ist auf meiner Seite. Weil er bei mir ist, kann ich alles tun, was ich in diesem Leben tun muss.«

Der Heilige Geist geht mit Ihnen. Er ist der Beistand, der Helfer, auf den wir uns immer verlassen können. Wir sind niemals alleine!

76

Mehr als ein Überwinder

»Nimm du mich gefangen, Herr, dann bin ich frei. Zwinge mich, dir mein Schwert zu übergeben, dann werde ich siegen.«

George Matheson, schottischer Theologe und Prediger

Aber in diesem allen sind wir mehr als Überwinder durch den, der uns geliebt hat.

Römer 8,37 (ELB)

Wenn wir anfangen zu glauben, das Leben sei zu viel für uns und innerlich aufgeben, machen wir einen großen Fehler und glauben einer Lüge. In Wahrheit sind wir mehr als Überwinder durch Christus, der uns liebt (Römer 8,37). Für mich bedeutet das: Ich weiß, wenn ich eine schwierige Zeit durchmache, werde ich als Siegerin daraus hervorgehen. Wir müssen keine Angst haben oder uns Sorgen machen - Gott ist auf unserer Seite. Wir werden mehr als ein Überwinder sein. Wir fühlen uns vielleicht wie David, der Goliath nur mit einer Steinschleuder gegenüberstand, aber wir haben Gottes Zusage, dass er uns beisteht.

Es gibt nichts auf der Welt - kein noch so großes Problem -, das uns von der Liebe Gottes durch Jesus trennen kann. Es sei denn, wir lassen es zu. Wenn Ihnen alles zu viel wird, sagen Sie: »Gott liebt mich, und durch ihn bin ich mehr als ein Überwinder.« Glauben Sie den Lügen des Teufels nicht, wenn er versucht, Ihnen einzureden, dass Sie es diesmal nicht schaffen werden. Halten Sie inne und rufen Sie sich Siege aus der Vergangenheit ins Gedächtnis. Es hat bestimmt schon andere Situationen gegeben, in denen Sie dachten, Sie seien am Ende. Trotzdem sind Sie noch da. Das allein ist schon Beweis genug. Sie sind ein Überwinder!

Passen Sie auf, wie Sie von Ihren Problemen sprechen, denn das, was Sie sagen, beeinflusst Sie. Je nachdem wie Sie sich ausdrücken, können Ihre eigenen Worte Ihnen Mut machen oder Sie entmutigen. Seien Sie positiv eingestellt. Denken Sie an den Sieg. Vertrauen Sie darauf, dass Gott in Ihnen arbeitet und Ihnen die Kraft gibt, alles zu tun, was Sie tun müssen. Mit dieser auf Gott gerichteten Haltung können Sie Ihr Leben zu jeder Zeit genießen.

77

Beten, *bevor* es brenzlig wird

»Das Gebet ist für den Glauben genauso natürlich wie das Atmen für den Menschen.«

Jonathan Edwards, amerikanischer Prediger, 18. Jhd.

Lass mein Gebet zu dir dringen [in deine Gegenwart hinein], wende dein Ohr meinem Flehen zu!

Psalm 88,3 (EU)

Der Apostel Paulus hat Gott gedankt, dass er ihm die Kraft gegeben hat, um mit jeder Lebenssituation fertig zu werden. Ich glaube, dass er das aus Gewohnheit getan hat und nicht, weil er gerade in einer Notlage steckte. Wenn wir vorher schon beten, bekommen wir die Hilfe, die wir brauchen - manchmal sogar schon, bevor wir sie brauchen. Es zeigt, dass wir uns von Gott abhängig machen und darauf vertrauen, dass er sich um die Dinge kümmert, von denen wir noch gar nichts ahnen.

Im Gebet setzen wir unseren Glauben frei. Warten Sie nicht damit, Ihren Glauben zu entwickeln, bis Sie ihn brauchen. Dann ist es vielleicht zu spät. Entwickeln Sie Ihren Glauben und setzen Sie ihn ein, bevor Sie in eine Situation kommen, in der Sie ihn dringend brauchen. Ich bete jeden Morgen, dass Gott mir durch den Tag helfen möge. Dabei weiß ich noch nicht einmal, was auf mich zukommen wird. Natürlich habe ich meine Pläne, aber es geschehen jeden Tag Dinge, die wir nicht geplant haben. Ich will darauf vorbereitet sein und nicht überrascht werden. Ich bitte Gott, dass er die Engel, die er mir zugeteilt hat, vor mir herschickt, damit sie meinen Weg bereiten. »Ihr habt nichts, weil ihr nicht bittet« (vgl. Jakobus 4,2). Warum also warten, bis man Probleme hat? Warum nicht schon vorher beten? Dann steht die Hilfe, die Sie brauchen, schon bereit.

Schon vor einer Notsituation zu beten, ist, wie wenn man Geld auf ein Sparkonto einzahlt. Wenn man ein bisschen Geld zur Seite gelegt hat, braucht man sich über eine unerwartete Autoreparatur nicht aufzuregen. Sie haben schon *vor* dem Notfall dafür gesorgt, dass Sie gelassen weiterleben können. Fangen Sie noch heute an, ein paar Gebete auf die hohe Kante zu legen. Füllen Sie Ihren Gebetsvorrat auf, damit Sie nicht immer im Notstand leben müssen.

78 Ein reines Gewissen bewahren

»Wenn wir die Buße auf morgen verschieben, müssen wir für einen Tag mehr Buße tun und haben einen Tag weniger Zeit, um es zu tun.«

Quelle unbekannt

Wenn aber dein Auge krank ist, dann wird dein ganzer Körper finster sein. Wenn nun das Licht in dir [dein Gewissen] Finsternis ist, wie groß muss dann die Finsternis sein!

Matthäus 6, 23 (EU)

Wir sollten immer bestrebt sein, jederzeit ein reines Gewissen gegenüber Gott und anderen zu haben. Nichts macht das Leben so schwer, wie ein schlechtes Gewissen. Es belastet uns. Wir können nichts mehr richtig genießen. Wir mögen zwar versuchen, es zu ignorieren, aber es flüstert uns ständig zu, dass wir etwas Falsches getan haben.

Es gibt nur zwei Möglichkeiten, mit reinem Gewissen zu leben. Die erste ist, zu tun, was recht ist. Wenn wir das nicht schaffen, müssen wir zur zweiten Möglichkeit übergehen, und die ist, bußbereit zu sein, unsere Sünden zu bekennen und Gott um Vergebung zu bitten - und wo nötig auch Menschen. Wir sollten entschlossen sein, unser Bestes zu geben. Nur so werden wir uns besser fühlen. Wir werden vielleicht manchmal immer noch versagen, aber wenigstens wissen wir, dass wir es nicht mit Absicht getan haben.

Ein schlechtes Gewissen blockiert unseren Glauben und unsere Anbetung. Es steht so lange als Hindernis zwischen uns und Gott, bis wir es aus der Welt schaffen. Wenn wir anderen Menschen Unrecht tun, werden wir uns so lange in ihrer Gegenwart unwohl fühlen, bis wir uns entschuldigt und die Sache aus der Welt geschafft haben. Leben Sie nicht mit einem schlechten Gewissen. Es wirft einen dunklen Schatten auf alles, und Sie können ihr Leben nicht wirklich genießen.

»Ein schlechtes Gewissen ist ein hartes Ruhekissen.« Wenn uns unser Gewissen anklagt und wir versuchen, es zu ignorieren, werden wir unruhig schlafen. Nehmen Sie sich die Zeit, Ihr Herz zu prüfen. Gibt es in Ihrem Leben Menschen, mit denen Sie nicht reden? Haben Sie Menschen Unrecht getan? Gibt es Missverständnisse oder Verstimmungen mit einem Freund oder einer Freundin, die Sie klären müssen? Machen Sie eine ehrliche Bestandsaufnahme und bemühen Sie sich, solche kaputten Beziehungen wiederherzustellen. Ihr Gewissen wird es Ihnen danken, und Gott wird stolz auf Sie sein.

79 Gerechtigkeit verstehen

»Der, der dich ohne dein Zutun geschaffen hat, wird dich nicht ohne dich rechtfertigen.«

Kirchenvater Augustinus

Der Himmel verkündete seine Gerechtigkeit, und alle Völker sahen seine Herrlichkeit.

Psalm 97,6 (ELB)

Manche Menschen habe ein überempfindliches Gewissen. Sie haben aus purer Gewohnheit ein schlechtes Gewissen und nicht, weil sie tatsächlich etwas falsch gemacht haben. Dieses Problem kann man überwinden, indem man sich einmal damit beschäftigt, was die Bibel zum Thema Gerechtigkeit zu sagen hat. Wenn Sie Gottes Art von Gerechtigkeit nicht verstehen, werden Sie sich Ihr Leben lang abmühen, um sich Ihre eigene Gerechtigkeit mit guten Taten zu erarbeiten.

Dazu ist es wichtig, den Unterschied zwischen »sein« und »tun« zu kennen. Meine Kinder tun vielleicht nicht immer das, was ich will. Doch deshalb hören sie nicht auf, meine Kinder zu sein, und ich höre nicht auf, sie zu lieben. Gott ist genauso, nur noch mehr. Wenn wir Jesus als unseren Retter annehmen, macht er uns in seinen Augen gerecht (2. Korinther 5,21). Er rechnet uns seine Gerechtigkeit an, oder schreibt sie uns auf unserem Konto gut (Römer 4,11). Gott sieht uns als gerecht an, den einzigen vor ihm akzeptablen Zustand. Es ist der einzige Weg, wie wir mit ihm in Beziehung treten können, denn Licht und Dunkelheit können nicht zusammen sein.

Weil Gott uns aus Gnade gerecht gemacht hat, können wir jetzt anfangen, gerechtes Verhalten einzuüben. Es ist ein Lernprozess, der viel Zeit braucht, aber langsam wird sich unser Verhalten verbessern. Unser »Tun« verbessert sich. In diesem Prozess ist es aber lebenswichtig, dass wir im Gedächtnis behalten, wer wir durch Christus »sind«. Wir sind Gottes Kinder; er liebt und versteht uns. Wir sind keine Überraschung für ihn. Er wusste schon alles über uns, als er uns eingeladen hat, mit ihm in Beziehung zu treten.

Wenn Sie das biblische Konzept von Gerechtigkeit verstehen, wird das Ihr Leben sehr vereinfachen. Ohne dieses Verständnis werden Sie immer ein schlechtes Gewissen haben. Es ist schwer, mit Schuldgefühlen zu leben. Nehmen Sie Gottes Gerechtigkeit in Anspruch und leben Sie das neue Leben, das Jesus für Sie durch seinen Tod und seine Auferstehung erkauft hat.

80 Gnade, Gnade und noch mehr Gnade

»Selbst unsere schlimmsten Zeiten sind nicht so schlimm, dass Gottes Gnade uns nicht erreichen könnte. Und unsere besten Zeiten sind nie so gut, dass wir nicht Gottes Gnade bräuchten.«

Jerry Bridges, Autor

Er gibt aber desto größere Gnade [Kraft des Heiligen Geistes, um dem Bösen zu widerstehen]. Deshalb spricht er: »Gott widersteht den Hochmütigen, den Demütigen [denjenigen, die demütig genug sind, sie zu empfangen] aber gibt er [immer wieder] Gnade.«

Jakobus 4,6 (ELB)

Gnade ist die Kraft des Heiligen Geistes, die uns umsonst angeboten wird und die uns hilft, das mit Leichtigkeit zu tun, was wir alleine selbst mit der größten Anstrengung nicht tun könnten. Die Bibel ermutigt uns, nicht nur Gnade, sondern *größere* Gnade anzunehmen. Wo die Sünde zugenommen hat, ist die Gnade überreich geworden (Römer 5,20). Gott hat genug Gnade, um all unsere Bedürfnisse zu stillen, aber wir müssen ihn um diese Gnade bitten und lernen, damit zu leben.

Wenn wir es aus menschlicher Kraft versuchen, verbrauchen wir nur all unsere Energie für etwas, das nur Gott tun kann. Eigene Anstrengungen führen zu Enttäuschungen und stehen im Widerspruch zur Gnade. Wir können unmöglich mit ein bisschen von beidem leben, weil sie sich gegenseitig aufheben. Jedes Mal wenn ich frustriert bin, erinnere ich mich selbst daran, dass ich bei dieser bestimmten Aufgabe nicht aus Gottes Gnade (Gottes Energie) lebe.

Frust, Schwierigkeiten und Not gibt es jede Menge im Leben, aber das Gleiche gilt auch für Gottes Gnade. Wir sollen uns vor ihm demütigen und beugen, weil nur die Demütigen Hilfe empfangen. Gott hilft denen, die demütig genug sind, zuzugeben, dass sie das, was getan werden muss, ohne seine Hilfe nicht tun können.

Die Gnade deckt unsere Sünde zu. Nur durch Gnade können wir uns so verändern, wie Gott uns haben möchte, denn er möchte, dass wir so sind wie er. Sie können sich das Leben um vieles leichter machen, wenn Sie lernen, Gottes Gnade in jeder Situation anzunehmen. Ohne Gnade mühen wir uns alle mit dem Leben ab, und alles wird schwer, schwierig und oft unmöglich.

81 Die Zunge im Zaum halten

»Der Mensch kommt mit zwei Augen auf die Welt, aber nur mit einer Zunge, damit er doppelt so viel sieht, wie er redet.«
Charles Caleb Colton, englischer Geistlicher

Bewahre deine Zunge vor Bösem und deine Lippen vor betrügerischer Rede.
Psalm 34,14 (ELB)

Halten Sie Ihre Zunge im Zaum, und sagen Sie nicht immer alles, was Ihnen gerade einfällt und wann immer Sie es aussprechen möchten. »Wer sich für fromm hält [religiöse Pflichten erfüllt], aber seine Zunge nicht zügeln kann, der macht sich selbst etwas vor. Seine Frömmigkeit ist nichts wert.« (Jakobus 1,26, HFA).

Wie viel »fromme« Menschen gibt es auf der Welt, die ihre Zunge nicht im Zaum halten? Sie sprechen die ganze Zeit negativ, sie tratschen, kritisieren, verurteilen, murren, jammern und fluchen. Sie gehen in den Gottesdienst, aber achten nicht auf das, was sie sagen. Die Bibel sagt ganz klar, dass ihre Frömmigkeit wertlos ist.

Viele unserer Probleme kommen von dem, was wir sagen. Unsere Worte können Tod oder Leben bringen. Wir müssen mit dem Ergebnis unserer Worte leben (Sprüche 18,21). Ich ermahne Sie, aufzupassen, was Sie sagen. »Wem es freilich gelingt, nie ein verkehrtes Wort zu sagen, den kann man als vollkommen bezeichnen. Denn wer seine Zunge im Zaum hält, der kann auch seinen ganzen Körper beherrschen« (Jakobus 3,2, HFA) - und wie ich glaube, auch sein Schicksal beeinflussen.

Sind Sie mit Ihrem Leben unzufrieden? Vielleicht ernten Sie gerade, was Sie früher gesagt haben. Sind Sie bereit, Ihren Mund Gott zu überlassen, damit Sie ihm damit dienen können? Wenn ja, sind Sie auf dem Weg zu einem besseren Leben.

82

Es ist Gottes Kampf

»Wir müssen unsere Kämpfe nicht alleine austragen. Es gibt einen gerechten Gott, der über das Schicksal von Völkern bestimmt und der uns Freunde zur Seite stellen wird, die mit uns kämpfen.«

Patrick Henry, kämpfte für die amerikanische Unabhängigkeit

Der Herr selbst wird für euch kämpfen. Bleibt ganz ruhig!

2. Mose 14,14

Schwierigkeiten sind oft das Ergebnis davon, dass wir nicht darauf vertrauen, dass Gott unsere Kämpfe für uns austrägt. Die Israeliten standen zwischen dem Roten Meer und der ägyptischen Armee. Das war beängstigend. Sie schrieen und wollten davonlaufen, aber Gott schickte ihnen durch Mose die Botschaft: »Der Herr selbst wird für euch kämpfen. Bleibt ganz ruhig!«

Als drei Armeen gegen Joschafat und das Volk von Juda heranzogen, war ihre erste Reaktion Angst. Aber sie entschlossen sich, zu fasten und sich an Gott zu wenden. Der sagte ihnen: »Habt keine Angst und verliert nicht den Mut angesichts dieses riesigen Heeres, denn nicht ihr kämpft diesen Kampf, sondern Gott« (2. Chronik 20,15).

Wie verstehen Sie Ihre Kämpfe? Sind es Ihre oder Gottes Kämpfe? Denken Sie daran, dass nicht das, was in unserem Leben passiert, unser Leben schwierig macht. Unsere Art, die Dinge anzugehen, sorgt für Stress und Kämpfe. Es ist unsere Haltung, die uns entweder Frieden oder inneren Aufruhr bringt.

Joschafat fing an, Gott anzubeten und schickte Sänger vor seiner Armee her, um zu Gottes Ehre zu singen und ihn zu loben. Die feindlichen Armeen wurden verwirrt und brachten sich gegenseitig um. Wollen Sie selbst verwirrt sein oder lieber den Feind verwirren? Fangen Sie an, Gott anzubeten, zu loben und ihm Lieder zu singen, ganz besonders, wenn Sie ein Problem haben. Gott wird den Kampf für Sie austragen, und Sie können Ihr Leben weiter genießen und auf Gottes Sieg warten.

83 Versuchungen vermeiden

»Wenn du vor der Versuchung fliehst, lass keine Nachsendeadresse zurück.«

Quelle unbekannt

Wacht und betet [seid aufmerksam und vorsichtig], damit ihr nicht in Versuchung geratet. Der Geist ist willig, aber das Fleisch ist schwach.

Matthäus 26,41 (EU)

Ich glaube, wir alle würden am liebsten nie in die Versuchung kommen, etwas Falsches zu tun. Aber das ist leider nicht so. Die Bibel sagt, dass die Versuchung kommen muss - aber warum? Wenn wir nie in die Versuchung kämen, etwas Falsches zu tun, könnten wir nie von unserem freien Willen Gebrauch machen, um uns für das Richtige zu entscheiden. Gott will aber keine Roboter oder Marionetten. Er will Menschen, die sich aus freiem Willen entscheiden, ihm zu dienen. Er hat uns die Wahl zwischen Leben und Tod gegeben und drängt uns, uns für das Leben zu entscheiden (5. Mose 30,19).

Wenn Sie sich versucht fühlen, etwas Falsches zu tun, sagen Sie Nein und entfernen Sie sich von der Versuchung. Wenn Sie früher einmal Alkoholprobleme hatten, gehen Sie in keine Kneipe mehr und nehmen Sie sich vor, keinen Alkohol zu trinken. Wenn Sie einmal Drogenprobleme hatten und davon frei geworden sind, verbringen Sie Ihre Zeit nicht mit Menschen, die Drogen nehmen. Wenn Sie übermäßig viel Süßigkeiten essen, sollten Sie keine Süßigkeiten und keinen Kuchen im Haus haben.

Manchmal sagen wir, dass wir etwas nicht mehr tun wollen und bitten Gott, uns davon zu befreien. Doch gleichzeitig treffen wir alle Vorkehrungen, damit es wieder passieren kann. Vielleicht wollen wir in Wirklichkeit gar nicht davon frei werden. Wir müssen ehrlich mit uns selbst sein und uns bewusst machen, dass das Fleisch schwach ist.

Der Apostel Paulus schrieb, »und treibt nicht Vorsorge für das Fleisch [denkt nicht dauernd an euer Verlangen], dass Begierden wach werden!« (Römer 13,14, ELB). Verdrängen Sie diese Dinge aus Ihren Gedanken und aus Ihrem Blickfeld, dann ist es sehr viel wahrscheinlicher, dass Sie der Versuchung entgehen.

84

Schwätzer meiden

»Wer dir Tratsch über andere erzählt, wird auch anderen Tratsch über dich erzählen.«

Spanisches Sprichwort

Wer klatscht, plaudert auch Geheimnisse aus, deshalb treffe dich nicht mit Leuten, die zu viel reden.

Sprüche 20,19

Menschen, die zu viel reden, haben meistens Probleme, in die man sich besser nicht einmischen sollte. Deshalb macht es das Leben einfacher, wenn man solche Menschen meidet.

Menschen, die ihr Mundwerk nicht unter Kontrolle halten können, haben meistens auch andere Dinge in ihrem Leben nicht unter Kontrolle. Es ist besser für uns, wenn wir enge Beziehungen zu Menschen haben, die uns anspornen, unsere Messlatte immer höher zu legen. Viel Zeit mit Menschen zu verbringen, die uns nach unten ziehen, und ihnen unser Herz zu öffnen, ist nicht sehr klug. Denken Sie einmal nach, wer Ihre Freunde sind und hören Sie ihnen gut zu. Man kann viel über den Charakter der Menschen erfahren, wenn man zuhört, was sie erzählen. Meiden Sie Menschen, die tratschen. Wenn Sie Ihnen Tratsch über andere erzählen, werden sie auch über Sie tratschen.

Menschen, die sehr viel reden, halten ihre Versprechen oft nicht, weil sie sich vorher nicht überlegen, was es sie kosten wird. Sie werden Sie immer und immer wieder enttäuschen. Sie sind dann vielleicht frustriert. Doch Sie sind die einzige Person, die etwas daran ändern kann, indem Sie diese Menschen einfach meiden. Ich will damit nicht sagen, dass wir zu irgendjemand unfreundlich sein sollen. Aber wir dürfen es nicht zulassen, dass andere unser Leben durcheinanderbringen, nur damit sie nicht verletzt werden.

Seine Freunde sorgfältig zu wählen, ist eine der besten Maßnahmen für ein einfacheres Leben. Behüten Sie Ihr Herz! Denn in ihm entspringt die Quelle des Lebens (Sprüche 4,23). Mein Leben ist bedeutend einfacher geworden, seit ich mir genau überlege, mit wem ich Zeit verbringe.

85

Großzügig sein

»Meine Erfahrung lehrt mich, dass in neunundneunzig Prozent der Fälle Großzügigkeit und Gnade die richtige und gerechte Antwort auf eine Frage sind.«

Anna Jameson, engl. Schriftstellerin

Da ist einer, der [großzügig] ausstreut, und er bekommt immer mehr, und einer, der mehr spart, als recht ist, und es gereicht ihm nur zum Mangel. Wer gern wohltut, wird reichlich gesättigt, und wer andere tränkt, wird auch selbst getränkt.

Sprüche 11,24-25 (ELB)

Das Klügste, was ein Mensch machen kann, ist großzügig zu sein. Wenn wir anderen helfen, helfen wir uns selbst am meisten. Die Freude des Gebens zu erleben, ist für mich wahre Lebensfreude. Geiz nimmt Leben, aber Großzügigkeit setzt Leben und ungeheure Freude frei. Ich habe viele unglückliche Jahre damit verbracht, mich um mich selbst zu drehen und nur daran zu denken, was ich aus dem Leben herausholen könnte. Als ich Gott anflehte, er möge mir zeigen, was in meinem Leben falsch lief, zeigte er mir unter anderem, dass ich großzügiger sein musste und nicht so kleinlich.

Ich ermutige Sie, nach Gelegenheiten Ausschau zu halten, bei denen Sie ein Segen für andere sein können. Seien Sie unglaublich großzügig! Geben Sie nicht nur, wenn Sie denken, Sie müssen, sondern tun Sie immer mehr als nötig. Gehen Sie auch noch die zweite Meile, wie die Bibel sagt.

Ich hörte einmal die Geschichte einer Frau, die schrecklich depressiv war. Sie ging zur Seelsorge zu ihrem Pastor, und der sagte, sie solle nach Hause gehen, drei Bleche voll Kekse backen und verschenken. Dann solle sie nächste Woche wieder zum Gespräch kommen. Die Frau kam nie wieder zu ihm, aber eines Sonntags nach dem Gottesdienst sah er sie und fragte, weshalb sie nicht mehr zur Seelsorge gekommen sei. Da erzählte sie ihm, dass das Kekse backen und verschenken sie so glücklich gemacht hatte, dass sie ihre Depression überwunden hatte.

Depression kann viele Ursachen haben. Aber ich glaube zwei davon sind Egoismus und Geiz. Tun Sie alles, was Sie können, so oft Sie es können, für so viele Menschen wie möglich, dann werden Sie viel glücklicher sein. Ob Sie es glauben oder nicht, aber großzügig zu sein, ist viel einfacher als geizig zu sein.

86

Weisheit

»Wissen kommt, aber Weisheit bleibt.«
Alfred Lord Tennyson, engl. Dichter

Hört die Mahnung und werdet weise, lehnt sie nicht ab!
Sprüche 8,33 (EU)

Die Bibel sagt, dass es dem Verständigen eine Freude ist, weise zu sein (Sprüche 10,23). Weisheit ist, sich jetzt für das zu entscheiden, was einen später glücklich macht. Wer weise ist, gibt zum Beispiel nicht sein ganzes Geld jetzt aus, sondern spart etwas davon für später. Wer weise ist, verschiebt die Arbeit von heute nicht auf morgen, weil er weiß, dass er sonst morgen die Arbeit von zwei Tagen zu erledigen hat. Wer weise ist, zögert nichts hinaus, sondern handelt.

Wenn Sie sich das Leben leichter machen wollen, müssen Sie an die Zukunft denken und sich darüber im Klaren sein, dass Ihre Entscheidungen von heute Ihr Leben morgen beeinflussen. Manche Menschen können sich nie entspannen und ihr Leben genießen, weil sie ständig mit dem Chaos zu kämpfen haben, das sie mit ihren unklugen Entscheidungen verursacht haben. Ich höre oft den Satz: »Ich weiß, dass ich das eigentlich nicht tun sollte, aber ...!« Es ist dumm, Dinge zu tun, von denen wir wissen, dass wir sie nicht tun sollten. Wie kann man ein gutes Ergebnis erwarten, wenn man schon weiß, dass man eine schlechte Entscheidung getroffen hat? Diese Menschen setzen darauf, dass vielleicht trotzdem noch alles gut wird, aber Weisheit ist kein Glücksspiel, sondern eine Investition. Sich jetzt für das Richtige zu entscheiden, macht vielleicht nicht sofort glücklich, aber langfristig schon. Manche Menschen zahlen einen hohen Preis für ein billiges Vergnügen, aber Sie können jetzt entscheiden, nicht zu diesen Menschen zu gehören.

Wir treffen Millionen von Entscheidungen in unserem Leben. Je weiser sie sind, desto besser wird unser Leben sein. Sich das Leben leichter zu machen, setzt voraus, dass man genau über seine Entscheidungen nachdenkt. Wenn Sie heute eine Entscheidung treffen, überlegen Sie sich, ob Sie auch in Zukunft mit den Folgen dieser Entscheidung glücklich sein werden. Wenn Sie diese Frage nicht mit Ja beantworten können, sollten Sie Ihre Entscheidung vielleicht noch einmal überdenken.

87 Nicht ablenken lassen

»Wer alle Hindernisse überwindet und sich nicht abbringen lässt, wird ganz bestimmt an seinem Ziel ankommen.«
Christoph Columbus

Und die Sorgen [und Ablenkungen] der Zeit und [der Genuss] der Betrug des Reichtums und die Begierden nach den übrigen Dingen kommen hinein und ersticken das Wort, und es bringt keine Frucht.
Markus 4,19 (ELB)

Wir wissen, dass der Teufel uns in die Irre führen will, aber meistens genügt es ihm schon, uns abzulenken. Wenn es ihm gelingt, uns von unserem Gott gegebenen Ziel abzulenken, erreicht er damit, dass wir ein unfruchtbares Leben führen. Wenn wir ein fruchtbares Leben führen, wird Gott verherrlicht. Daher unternimmt der Teufel alles, was er kann, um das zu verhindern.

Sich ablenken zu lassen ist einfach, da brauchen wir uns keine große Mühe zu geben. Um nicht abgelenkt zu werden, müssen wir dagegen sehr diszipliniert sein. An jeden von uns werden zahlreiche Anforderungen und Erwartungen gestellt. Es scheint, als ob alle Menschen, die wir kennen, etwas von uns erwarten. Oft ist es schwer zu wissen, wann wir Ja und wann wir Nein sagen sollen. Unser Ehepartner, unsere Freunde, die Eltern, Kinder, Verwandte, Arbeitgeber, die Regierung, unsere Gemeinde, die Nachbarn erwarten alle, dass wir bestimmte Dinge tun. Das kann erdrückend und ermüdend sein.

Wenn wir versuchen, all diesen Erwartungen gerecht zu werden, merken wir, wie uns das oft von unserem eigentlichen Sinn im Leben, nämlich den Willen Gottes zu erfüllen, ablenkt. Wenn Sie jemand sind, der es gerne allen recht machen will, dann wissen Sie, dass der Teufel Sie ganz leicht ablenken kann. Er muss Ihnen nur unzufriedene Menschen über den Weg schicken und Sie dazu bringen, Ihre ganze Zeit damit zu verbringen, zu versuchen, diese Menschen glücklich zu machen. Ich habe eines Tages begriffen, dass viele der Menschen, die ich versucht habe glücklich zu machen, schon von vornherein beschlossen hatten, nicht glücklich zu sein, ganz gleich was andere für sie taten. Sie waren von Grund auf unglücklich und unzufrieden - und der Teufel benutzte sie, um auch mich unglücklich zu machen.

Die Bibel lehrt uns, uns nicht in andere Dinge zu verfangen und ablenken zu lassen, sondern uns ganz auf Jesus zu konzentrieren (Hebräer 12,2). Bedenken Sie, dass Ihr Leben umso einfacher wird, je mehr Sie sich nur auf die wirklich wichtigen Dinge konzentrieren.

88

Nicht gekränkt sein

»Sein Herz war wie eine empfindliche Blume, die sich in der Sonne für einen Moment öffnet, aber sich bei der leisesten Berührung oder dem leisesten Windhauch wieder verschließt und in sich versinkt.«

Anne Brontë, Schriftstellerin

Liebe Freunde, seid schnell bereit, zuzuhören, aber lasst euch Zeit, ehe ihr redet oder zornig werdet [oder beleidigt seid].

Jakobus 1,19

Ein weiser Mensch übergeht eine Beleidigung. Ich habe einmal eine Geschichte über Kathryn Kuhlman gehört. Sie leitete eine Arbeit, in der viele Wunder geschahen. Jeder, der so im Rampenlicht steht, hat unweigerlich auch mit Menschen zu tun, die die Arbeit verurteilen, kritisieren und sogar unwahre Dinge darüber verbreiten. So ging es auch Kathryn Kuhlman häufig. Aber sie ließ sich nicht beleidigen, denn sie wusste, dass beleidigt zu sein, ihre Beziehung zu Gott belasten würde. Sie wusste auch, dass es ihr die Freude nehmen und ihr nur schaden würde, wenn sie gekränkt wäre.

Gott hat versprochen, uns zu rechtfertigen, wenn wir nach seinem Willen leben. Sein Wille ist es, zu vergeben. Kathryn Kuhlman wurde oft gefragt, wie sie so freundlich zu Menschen sein konnte, die so hässliche Dinge über sie erzählten. Sie antwortete: »Ach, ich tue einfach so, als sei nichts geschehen.«

Hat Sie kürzlich jemand verletzt? Sind sie gekränkt worden? Müssen Sie jemandem vergeben?

Wenn Sie eine dieser Fragen mit Ja beantwortet haben, dann empfehle ich Ihnen, das zu tun, was die Bibel lehrt: Beten Sie für Ihre Feinde, segnen Sie sie, und wünschen Sie ihnen nichts Böses. Beschließen Sie, zu vergeben und vertrauen Sie darauf, dass Gott Ihre Verletzungen heilen wird. Wenn Sie der Person begegnen, die Sie verletzt hat, bemühen Sie sich, freundlich zu sein. Behandeln Sie sie so, wie Sie glauben, dass

Gott es möchte. Je schneller Sie vergeben, umso weniger laufen Sie Gefahr, zu verbittern und umso einfacher wird das Leben für Sie.

89 Seien Sie nicht zu hart zu sich selbst

»Leg den Schläger weg und greif zur Feder.«

Quelle unbekannt

Nehmt auf euch mein Joch, und lernt von mir! Denn ich bin sanftmütig [freundlich] und von Herzen demütig [bescheiden], und ihr werdet Ruhe [Erleichterung, Erfrischung, Erholung] finden für eure Seelen.

Matthäus 11,29 (ELB)

Verurteilen und kritisieren Sie sich schnell selbst? Falls ja, sollten Sie einmal Matthäus 11,28-30 lesen. Dort sagt Jesus, dass er nicht barsch und hart ist, er kritisiert nicht scharf und setzt uns nicht unter Druck. Er ist vielmehr demütig, freundlich, sanftmütig und bescheiden. Wenn Gott nicht hart mit uns umgeht, dann müssen wir auch nicht hart zu uns selbst sein. Brauchen Sie eine zweite Chance? Gott hat Jona und Petrus eine gegeben, warum also nicht auch Ihnen?

Bitten Sie Gott um eine zweite, dritte, vierte oder fünfte Chance, oder die wievielte Sie auch immer brauchen. Gott ist gnädig und langmütig. Seine Liebe hört niemals auf. Wenn wir genau Buch führen, wie oft wir versagt haben, wird uns das nur bedrücken. Jesus ist gekommen, um uns unsere Lasten abzunehmen. Aber wir müssen auch glauben, dass er größer ist als all unsere Fehler. Ich glaube, Gott ist nicht annähernd so schwer zufriedenzustellen, wie wir oft meinen. Schließlich können wir ihn nicht überraschen. Er wusste schon längst alles über jeden Einzelnen von uns, bevor er uns eine Beziehung mit sich angeboten hat. Wenn Ihr Leben kompliziert ist, liegt es vielleicht einfach daran, dass Sie zu hart zu sich selbst sind. Verschonen Sie sich. Wenn Sie mehr von Gottes Gnade für sich selbst annehmen, können Sie vielleicht auch anderen gegenüber gnädiger sein.

Gott kennt Ihr Herz und ist bereit, an jedem zu arbeiten, der sich nicht selbst aufgibt. Bleiben Sie dran und lassen Sie die Vergangenheit hinter sich. Das können Dinge sein, die schon zehn Jahre zurückliegen, oder Dinge, die gerade erst vor fünf Minuten passiert sind. Wenn es vergangen ist, müssen Sie es loslassen und weitergehen.

90 Es ist nie zu spät für einen Neubeginn

»Es ist wunderbar, dass man nicht einen Augenblick warten muss, um die Welt zu verändern.«

Anne Frank, Jüdin und Holocaust-Opfer

Von Gottes Güte kommt es, dass wir noch leben. Sein Erbarmen ist noch nicht zu Ende, seine Liebe ist jeden Morgen neu und seine Treue unfassbar groß.

Klagelieder 3,22-23 (GNB)

Keiner von uns muss in Hoffnungslosigkeit versinken, denn bei Gott ist es nie zu spät für einen Neubeginn. Er schenkt uns einen Neuanfang. Als Gott Jona berief, lief der genau in die entgegengesetzte Richtung davon. Aber als Jona seinen Fehler zugab, schenkte Gott ihm einen Neuanfang.

Es ist niemals zu spät, Gott im Gebet um seine Hilfe und Vergebung zu bitten. Der Teufel will, dass wir die Hoffnung aufgeben. Er liebt Worte wie »nie« und »endgültig«. Er sagt, »Jetzt ist es endgültig vorbei. Du hast es versaut und kannst deine falschen Entscheidungen nicht mehr rückgängig machen.« Wir sollten daran denken, dass Gottes Wort die Wahrheit sagt, und der Teufel ein Lügner ist.

Die Bibel ist voller Erzählungen von Menschen, die einen Neuanfang erlebt haben. Jesus als unseren Retter anzunehmen, ist der Neubeginn schlechthin. Wir werden zu einer neuen Schöpfung und haben die Möglichkeit, einen neuen Lebensstil zu erlernen. Im Epheserbrief heißt es sogar, dass wir unseren Geist und unser Denken ständig erneuern lassen müssen (Epheser 4,23). Wenn Sie jemals geglaubt haben, dass es zu spät für Sie ist, um ein gutes Leben mit guten Beziehungen und Hoffnung für die Zukunft zu führen, dann sollten Sie Ihr Denken jetzt gleich erneuern. Entschließen Sie sich, Ihre Denkweise nicht nach Ihren Gefühlen, sondern nach Gottes Wort auszurichten. Niemand ist ein kompletter Versager, es sei denn, er gibt auf. Das Leben ist viel angenehmer und einfacher, wenn wir mit der Einstellung daran gehen: »Heute gebe ich mein Bestes und vertraue darauf, dass Gott den Rest tut. Und morgen fange ich von Neuem an und werde niemals aufgeben.«

91 Werden wie die kleinen Kinder

»Glaube ist unaussprechliches Vertrauen in Gott, Vertrauen, das niemals auch nur träumen könnte, dass er uns nicht zur Seite steht.«

Oswald Chambers, engl. Baptistenprediger

Ich will mich in Frieden hinlegen und schlafen, denn du allein, Herr, gibst mir Geborgenheit.

Psalm 4,9

Wer ein leichteres Leben haben will, muss lernen, mehr zu vertrauen. Viel zu oft wagen wir es nicht, zu vertrauen. Wir vertrauen unserem Ehepartner nicht. Wir vertrauen unseren Kindern nicht. Und wenn wir ganz ehrlich sind, vertrauen wir oft auch Gott nicht, dass er seine Verheißungen erfüllt.

Kinder haben meist keine Probleme zu vertrauen. Deshalb können sie auf die höchsten Äste im Baum klettern, in vollem Tempo einen steilen Hang hinunter rennen, oder von einem hohen Sprungbrett in die Arme ihrer Eltern springen. Sie vertrauen darauf, dass ihre Eltern sie fangen werden, oder sie zumindest wieder aufheben, wenn sie hinfallen. Genau diese Art von Vertrauen will Gott von uns.

Wer Gott vertraut, weiß, dass Gott einen besseren Plan hat, wenn die Dinge einmal nicht so laufen, wie man gehofft hat. Gott hat einen Plan für unsere Zukunft und weiß die Antwort auf jede Frage. Sein Wort verheißt uns, dass er für uns sorgen wird, wenn wir ihm vertrauen (Psalm 37,5).

Wenn wir es nicht wagen, Gott zu vertrauen, kommen Angst und Sorge in unser Leben. Wenn wir unser Vertrauen aber auf ihn setzen, überwinden wir diese Zweifel. Dann können wir uns auf Gottes Treue verlassen und zuversichtlich sein, dass er uns nicht enttäuschen wird. Doch wenn wir uns nicht bewusst entscheiden, Gott zu vertrauen, tragen wir Lasten, die wir niemals alleine tragen sollten.

Wenn wir Gott vertrauen, kommt ein übernatürlicher Friede in unsere Seele. Wir können dann einfach und frei leben, so wie Gott es will.

Vertrauen ist nicht einfach plötzlich da. Es wächst, wenn wir im Glauben Schritte wagen und Gottes Treue erleben. Bitten Sie Gott, dass er Ihnen hilft, ein tiefes Vertrauen zu ihm zu entwickeln, damit er Ihnen zeigen kann, was er für Ihr Leben bereithält.

92

Der innere Mensch

»Haltet eure Herzen rein. Man braucht ein reines Herz, um im Gegenüber Gott zu erkennen. Wenn wir Gott im anderen erkennen, lieben wir einander und dann herrscht Friede.«

Mutter Theresa

Der Wahrheit gehorsam [durch den Heiligen Geist], habt ihr euer Herz rein gemacht für eine aufrichtige Bruderliebe; darum hört nicht auf, einander von Herzen zu lieben.

1. Petrus 1,22 (EU)

In allen von uns lebt ein innerer Mensch. Wenn wir unser Leben genießen wollen, müssen wir mit diesem Menschen im Einklang sein. Man kann überhaupt nicht genug betonen, wie wichtig ein reines Herz ist. Gott sieht unser Herz an. Er verabscheut ein falsches Herz, aber liebt ein aufrichtiges. Gott freut sich über Menschen, die richtig handeln wollen, auch wenn es ihnen nicht immer gelingt. Ich glaube, Gott wäre ein Mensch mit einem aufrichtigen Herzen, der ab und zu einen Fehler macht, lieber als jemand, der äußerlich korrekt handelt, aber im Herzen falsch ist.

Gott freut sich auch an einem friedfertigen Herzen, das nicht ängstlich oder aufgebracht ist. Wenn wir Frieden im Herzen haben, zeigt das, dass wir Gott wirklich in allen Lebensbereichen vertrauen. Wenn unser Herz in eine bestimmte Richtung tendiert, wir die Anzeichen aber ignorieren, anders handeln und uns selbst nicht treu sind, wird das Leben sehr kompliziert. Dann müssen wir immer vorgeben, anders zu sein als wir sind. Das ist nicht einfach. Ich hatte einmal einen Zettel mit den Worten »rein und einfach« über meinem Schreibtisch hängen, weil ich mich selbst daran erinnern wollte, dass ich ein reines Herz brauche, wenn ich ein einfaches Leben führen will.

Lernen Sie Ihren inneren Menschen kennen. Gehen Sie in sich und fragen Sie sich selbst, ob das, was Sie nach außen hin zeigen, Ihr wahres Wesen ist, oder nur vorgetäuscht. Bitten Sie Gott – falls nötig –, Ihr Herz rein zu machen. Betrachten Sie zuerst Ihre Gedanken und Ihre Einstellung. Der Wahrheit ins Gesicht zu sehen, ist manchmal nicht einfach. Aber es ist der erste Schritt zu einem lohnenden Leben.

93 Lassen Sie sich nicht entmutigen

»Beständigkeit, Ausdauer und Beharrlichkeit angesichts von Hindernissen, Entmutigungen und Unmöglichkeiten - das ist es, was einen starken Menschen von einem schwachen unterscheidet.«

Thomas Carlyle, schottischer Essayist und Historiker

Darum werden wir nicht müde [entmutigt, erschöpft]; wenn auch unser äußerer Mensch [allmählich] aufgerieben wird [verfällt], der innere wird Tag für Tag erneuert.

2. Korinther 4,16 (EU)

Wenn Kinder laufen lernen, machen sie einen Schritt nach dem anderen und fallen dabei oft hin. Das wiederholt sich immer und immer wieder, bis sie schließlich laufen können. Wenn sie sich entmutigen lassen würden und aufgäben, würden sie nie laufen lernen. Wir sind vielleicht manchmal entmutigt, aber dann sollten wir uns daran erinnern, dass andere Menschen Ähnliches durchmachen. Diese Erfahrungen sind oft dazu da, um unseren Charakter und unseren Glauben auf die Probe zu stellen. Geben wir auf? Oder stehen wir wieder auf und versuchen es noch einmal? Die Bibel sagt, der Gerechte fällt sieben Mal und steht wieder auf. Sie sehen also, dass auch gerechte Menschen fallen. Hier in diesem Leben ist keiner von uns vollkommen.

Wenn Gott etwas von uns will, zeigt er uns oft nur den nächsten Schritt. Es ist ganz normal, dass wir gerne den ganzen Plan hätten. Aber das ist nicht Gottes Art. Wenn wir diesen einen Schritt gehen, dann zeigt er uns den nächsten und dann den übernächsten, bis wir schließlich am Ziel angekommen sind. Viele Menschen weigern sich, den ersten Schritt zu gehen, bis sie glauben, ihre ganze Zukunft zu kennen. Diese Menschen versagen meist im Leben.

Auch diejenigen, die bereit sind, einen Schritt nach dem anderen zu gehen, machen Fehler und müssen noch einmal von vorne anfangen. Wer sich entmutigen lässt und unterwegs aufgibt, wird ein elendes, fruchtloses Leben führen. Wenn wir behaupten, dass wir Gott vertrauen, dann müssen wir ihm immer vertrauen. Ihm geht es nicht so sehr um das Ziel, als vielmehr um den Weg dorthin.

Entmutigung macht das Leben schwer, weil sie noch eine ganze Menge anderer negativer Gefühle nach sich zieht. Der Glaube dagegen macht das Leben leicht. Wir tun, was in unserer Macht steht und vertrauen darauf, dass Gott tut, was nicht in unserer Macht steht. Mit dieser Einstellung können wir das Leben unbeschwert genießen, so wie Gott es will.

94 Gefangen in Hoffnung

»Die Hoffnung ist dieses Ding mit Federn, das in unserer Seele sitzt und immerfort ein Lied ohne Text singt.«
Emily Dickenson, amerikanische Dichterin

Kehrt zur Festung [der Sicherheit und des Wohlstandes] zurück, ihr auf Hoffnung Gefangenen! Auch heute verkündige ich: Doppeltes erstatte ich dir [für deinen früheren Wohlstand].
Sacharja 9,12 (ELB)

Die Bibel spricht von Gefangenen auf Hoffnung (Sacharja 9,12). Was ist das? Ich glaube, es sind Menschen, die sich weigern, die Hoffnung jemals aufzugeben, ganz gleich wie schrecklich ihre Lage ist. Gefangene auf Hoffnung sind von der Hoffnung fortgerissen und in ihr gefangen. Sie können die Hoffnung einfach nicht loslassen. Sie müssen auf Gott hoffen und glauben, dass etwas Gutes geschehen wird.

Ich glaube, Abraham war solch ein Gefangener auf Hoffnung. In der Bibel steht, dass es menschlich betrachtet keine Grund mehr für ihn gab zu hoffen. Dennoch hoffte er im Glauben, dass Gott seine Verheißung erfüllen würde. Hingehaltene Hoffnung macht das Herz krank (Sprüche 13,12) und ruft Verzweiflung, Entmutigung und Depression hervor. Wenn Sie hoffen, werden Ihre Gedanken und Ihre Einstellung bewusst positiv. Wer hofft, spricht auch positiv. Wer hofft, hält bei Gott alles für möglich und rechnet jeden Moment mit einer guten Nachricht. Wer hofft, sagt: »Heute wird irgendetwas Gutes passieren.«

Eine positive Einstellung macht das Leben leichter. Sie nimmt den Druck von uns und lässt uns wieder lächeln. Gott möchte, dass wir mit solch einer Einstellung leben, damit er seinen Willen in unserem Leben verwirklichen kann. Wenn wir unseren Weg mit Gott gehen wollen, müssen wir mit ihm übereinstimmen, denn er kennt die Pläne, die er mit uns hat – Pläne des Heils, denn er will uns eine Zukunft und eine Hoffnung geben (Jeremia 29,11).

95

Dem Teufel widerstehen

»Der Teufel ist das gemeinste Wesen auf der ganzen Welt.«
Henry Ward Beecher

Ordnet euch also Gott unter, leistet dem Teufel Widerstand; dann wird er vor euch fliehen.
Jakobus 4,7 (EU)

Wenn wir uns den Lügen und Versuchungen des Teufels nicht widersetzen, wird er letzten Endes unser ganzes Leben beherrschen. Er ist ein aggressiver Feind. Wir dürfen nicht passiv bleiben, sondern müssen ihm aktiv Widerstand leisten.

Der Teufel will, dass wir ein elendes, schwieriges Leben führen. Er will uns alle Freude, allen Frieden und alles Gute nehmen, das Jesus uns durch seinen Tod geschenkt hat. Beschließen Sie jetzt, dass Sie von Ihren Rechten als Kind Gottes Gebrauch machen und das Leben führen werden, das Gott für Sie bereithält. Wir denken oft, dass Gottes Wille in unserem Leben automatisch passiert, aber das stimmt nicht. Wir müssen unseren Glauben einsetzen. Dazu gehört auch, dem Teufel zu widerstehen.

Würden Sie im Bett liegen bleiben und darauf hoffen, dass Gott es regeln wird, wenn jemand mitten in der Nacht in Ihr Haus einbricht und Sie es hören? Natürlich nicht! Sie würden aus dem Bett springen, sich irgendetwas schnappen, mit dem Sie sich verteidigen können, beten und versuchen, Hilfe zu holen. Wenn notwendig, würden Sie auch tätlich werden, um sich und Ihre Familie vor dem Eindringling zu schützen. Warum verhalten wir uns nicht genauso, wenn der Teufel versucht, in unser Leben einzudringen und Gottes Plan zunichte zu machen?

Es ist höchste Zeit, aggressiver vorzugehen. Wenn wir zum Angriff übergehen, werden wir nicht so oft angegriffen werden. Denken Sie daran, dass Gott in Ihnen größer ist als Ihr Feind. Sie müssen dem Teufel nur sofort im Ansatz widerstehen. Je länger Sie warten, umso mehr Boden wird er in Ihrem Leben gewinnen.

96 Geistlich stark bleiben

»Manchmal besteht das Wunder, Berge zu versetzen, darin, dass Gott uns die Kraft gibt weiterzuschaufeln.«
Shane Littlefield

Der menschliche Geist kann mit einem kranken Körper leben, aber wer kann weiterleben, wenn der Geist entmutigt ist?
Sprüche 18,14

Warten Sie nicht damit, geistliche Stärke zu entwickeln, bis Sie mitten in einer Leidenssituation stecken. Das funktioniert nicht. Sie müssen diese Stärke mit der Zeit entwickeln, indem Sie regelmäßig Zeit mit Gott verbringen, beten und in der Bibel lesen. Genauso dumm wäre es, wenn Sie warten, bis Sie etwas Schweres tragen müssen und dann schnell Muskeltraining machen würden. Wenn man anfängt, Krafttraining zu machen, erwartet man ja auch nicht, dass man am nächsten Tag schon das Dreifache seines eigenen Körpergewichtes heben kann. Wir wissen, dass wir unsere Muskeln regelmäßig trainieren müssen, um schwere Sachen heben zu können. Genauso sollten wir auch wissen, dass wir unsere geistliche Stärke trainieren müssen, um den Prüfungen des Lebens standzuhalten.

Ich habe festgestellt, dass mich vieles, was mich früher tagelang erschüttert hat, gar nicht mehr stört, wenn ich geistlich stark bin. Früher war ich darüber erschüttert, weil ich keine geistliche Stärke hatte, um zu bestehen oder die Dinge auch nur aus der richtigen Perspektive zu sehen. Wie wir mit den Herausforderungen des Lebens umgehen und welche emotionalen Auswirkungen sie auf uns haben, hängt davon ab, welche Einstellung wir dazu haben. In der Bibel wird von einem Mann namens Josef berichtet, der von seinen eigenen Brüdern in die Sklaverei verkauft wurde. Aber er sagte später, dass Gott das, was seine Feinde böse gemeint hatten, zum Guten gewendet hatte (1. Mose 50,20). Er hatte die richtige Einstellung aufgrund seiner engen Beziehung zu Gott. Josef war stets geistlich stark und erlebte einen Sieg nach dem anderen.

Wer immer mit Schuldgefühlen lebt, belastet ist, keinen Frieden und keine Freude erlebt, hat es schwer im Leben und braucht seine ganze Kraft dafür. Geistlich stark zu bleiben, mag wie Schwerstarbeit aussehen, aber es ist in Wirklichkeit viel leichter, als sich von den Ereignissen immer überwältigt zu fühlen. »Werdet stark im Herrn und in der Macht seiner Stärke!« (Epheser 6,10, ELB).

97

Treu bleiben

»Wer im Geringen treu ist, wird über Städte herrschen. Ganz gleich, ob du in der Westminster Abbey predigst oder eine armselige Klasse unterrichtest, sei nur treu. Die Treue ist alles, was zählt.«

George MacDonald, schottischer Schriftsteller, Dichter und Pfarrer

Die meisten Menschen rufen ihre eigene Frömmigkeit aus; aber einen zuverlässigen Mann, wer findet ihn?

Sprüche 20,6 (ELB)

Heute scheint es nur noch wenige Menschen zu geben, die treu sind und Dinge bis zum Ende durchziehen. Man könnte meinen, mittendrin aufzugeben, sei einfacher. Aber Verpflichtungen nicht einzuhalten, macht das Leben in Wirklichkeit viel komplizierter. Untreue Menschen stehen am Ende mit jeder Menge unvollständiger Vorhaben da, wechseln ständig die Arbeitstelle, die Gemeinde, die Beziehungen und ihre Meinung. Dieser ständige Wechsel ist in Wirklichkeit aber anstrengender, als treu zu sein und das, was man angefangen hat, auch zu Ende zu führen.

Selbst in der Ehe geben viele Menschen auf, wenn es schwierig wird. Sie lassen sich scheiden, heiraten jemand anderes, und das Spiel fängt von vorne an. Ich sage immer: »Auch wenn das Gras auf der anderen Seite des Zaunes grüner scheint, muss man es trotzdem auch mähen.« Jede Beziehung, die einem etwas wert ist, hat auch ihre Schwachstellen und man muss daran arbeiten. Wer keine Konflikte ertragen kann, wird niemals gute Beziehungen haben.

Wenn Dave mich in den ersten Jahren unserer Ehe aufgegeben hätte, würde ich heute nicht um die Welt reisen und Gottes Wort predigen. Viele Menschen sind »Rohdiamanten«. Es steckt ungeheures Potenzial in ihnen. Doch sie brauchen jemand, der sie begleitet, während sie geschliffen und poliert werden. Gott ist treu, und wir sollten es auch sein. Bevor Sie eine Sache aufgeben, sollten Sie lange und intensiv darüber beten. Es mag manchmal vorkommen, dass Aufgeben die einzige Möglichkeit ist. Doch meistens ist es nur ein Trick des Teufels, damit wir frustriert sind und uns mies fühlen. Bleiben Sie dran, wenn Sie etwas versprochen haben, und glauben Sie daran, dass Gott Sie dafür belohnen wird.

98

Überprüfen Sie Ihre Lebensperspektive

»Etwas Positives ist besser als nichts Negatives.«
Elbert Hubbard, amerikanischer Schriftsteller und Verleger

... Ich will mein Vertrauen [meine zuversichtliche Hoffnung] auf ihn setzen. ...
Hebräer 2,13 (ELB)

Welche Lebensperspektive haben Sie? Mit welcher Einstellung gehen Sie an das Leben heran? Ich möchte Sie noch einmal an etwas erinnern, was ich weiter vorne schon geschrieben habe: Unser Problem ist nicht das Leben selbst. Es ist unsere Einstellung zum Leben, die uns in Schwierigkeiten bringt. Zwei Menschen können vor dem gleichen Problem stehen, der eine ist glücklich und der andere niedergeschlagen und bedrückt. Dann weiß ich, dass nicht das Problem das eigentliche Problem ist, sondern die Sichtweise und die Einstellung.

Unsere Einstellung zum Leben ist ganz allein unsere Sache. Wenn wir beschließen, glücklich zu sein, kann niemand uns dazu bringen, dass es uns schlecht geht. Wenn jemand aus unserem Bekanntenkreis eine falsche Entscheidung trifft, muss es uns deshalb nicht schlecht gehen. Ich habe mir bei einer bestimmten Sache vielleicht größte Mühe gegeben, aber mein Freund oder meine Freundin ist trotzdem verärgert und unzufrieden. Darf ich mich deshalb nicht freuen, nur weil der andere eine negative Einstellung hat? Doch, natürlich! Aber ich muss *beschließen*, dass andere mir meine Freude nicht rauben dürfen, sonst werden sie es doch tun. Jeder entscheidet selbst über seine Einstellung zum Leben. Andere beschließen vielleicht, immer mit dem Schlimmsten zu rechnen. Deshalb kann ich doch trotzdem beschließen, mit dem Besten zu rechnen. Man muss kein Genie sein, um zu wissen, wer von beiden im Leben glücklicher sein wird.

Ich frage noch einmal: Welche Lebensperspektive haben Sie? Sind

Sie positiv eingestellt, rechnen immer mit dem Besten und sind bereit, denen, die Sie verletzt haben, zu vergeben? Oder sind Sie depressiv, mutlos und unzufrieden, weil die Dinge nicht so gelaufen sind, wie Sie gehofft hatten? Überlegen Sie genau, an welcher Front Sie kämpfen wollen, dann wird Ihr Leben um vieles einfacher. Mit einer positiven Einstellung lebt es sich leichter als mit einer negativen.

99 Demut bringt Frieden und Kraft

»Verlangt es dich nach der Liebe Gottes und der Menschen, so sei demütig, denn weil das Herz des Stolzen nur sich selbst liebt, wird es auch nur von sich selbst geliebt. Die Demut siegt, wo weder Tugend, noch Stärke, noch Vernunft bestehen.«

Francis Quarles, engl. Dichter

Wer Gott dienen will, soll sich nicht herumstreiten, sondern allen Menschen freundlich begegnen, ein geduldiger Lehrer sein, bereit, auch Böses zu ertragen.

2. Timotheus 2,24 (HFA)

Feindseligkeit treibt einen Keil zwischen Menschen und öffnet die Tür für das zerstörerische Treiben des Teufels. Dieses negative Gefühl macht das Leben schwer und verletzt uns und andere.

Feindseligkeiten kann man vermeiden, indem man sich aus Streitgesprächen um Banalitäten heraushält. Wer das Bedürfnis hat, anderen ständig zu erzählen, was er glaubt zu wissen, zeigt, dass er in Wirklichkeit gar nichts weiß. Denn wer klug ist, weiß, dass es besser ist, zuzuhören als zu reden. Die Bibel sagt, dass Streit durch Stolz kommt. Das bedeutet, dass es keinen Streit geben kann, wenn niemand stolz ist.

Demut ist der Schlüssel zu einem einfachen Leben voller Kraft und Freude. »Beugt euch also in Demut unter die mächtige Hand Gottes, damit er euch erhöht, wenn die Zeit gekommen ist« (1. Petrus 5,6, EU). Nehmt die gleiche demütige Haltung ein, wie Christus (Philipper 2,5). Demütigen Menschen ist der Friede wichtiger, als zu beweisen, dass sie recht haben. Demut ist die größte Tugend und eine Eigenschaft, die man von ganzem Herzen anstreben sollte. Sie öffnet Gott die Tür, um uns zu ehren. Wer Gott dient und Streitereien in Demut vermeidet, wird ein Leben voller Kraft und Frieden führen.

100 Disziplin als Freund

»Das Geheimnis der Disziplin ist die Motivation. Wer genügend Motivation hat, bei dem stellt sich die Disziplin von selbst ein.«

Alexander Patterson, Pastor und Autor

Denn Gott hat uns nicht einen Geist der Furcht [Angst, Feigheit] gegeben, sondern einen Geist der Kraft, der Liebe und der Besonnenheit [Ausgeglichenheit, Disziplin und Selbstbeherrschung].

2. Timotheus 1,7

Bei dem Wort »Disziplin« stöhnen viele auf. Dabei sollte man Disziplin eigentlich als einen guten Freund sehen, der uns hilft, im Leben an unser Ziel zu kommen. Disziplin hilft uns, das zu tun, was wir tun sollten, aber ohne Hilfe wahrscheinlich nie tun würden. Disziplin hilft! Sie denken jetzt vielleicht: *Schon, doch sie tut auch weh.* Das stimmt. Aber sie bringt auch Ordnung ins Leben, macht es fruchtbar und bringt letzten Endes Freiheit.

Noch schmerzhafter als Disziplin, ist ein Leben, das ein einziges kompliziertes Chaos ist. Der Schmerz der Veränderung ist immer besser als die Qual, sich nie verändert zu haben. Fragen Sie sich einmal selbst, ob Sie lieber Ihr ganzes Leben lang schwach sein und sich schlecht fühlen wollen, oder ob Sie mit Disziplin trainieren und einen gesunden, kräftigen Körper haben wollen? Wollen Sie sich lieber Ihr ganzes Leben lang ungesund ernähren und Ihrer Gesundheit schaden, oder sich mit Disziplin gesund ernähren und länger leben? Wären Sie gerne schuldenfrei und würden gerne alles, was Sie kaufen, gleich bezahlen? Dann müssen Sie diszipliniert sein und nicht über Ihre Verhältnisse leben. Möchten Sie gerne ein ordentliches, sauberes Zuhause haben? Dann müssen Sie die Disziplin aufbringen, es aufzuräumen und zu putzen. Anders geht es nicht.

Joyce Meyer

Über die Autorin

Seit 1972 ist Joyce Meyer als Bibellehrerin tätig, seit 1980 sogar vollzeitlich. Sie ist Bestseller-Autorin von mehr als hundert Büchern wie zum Beispiel „Das Schlachtfeld der Gedanken“ und „Süchtig nach Anerkennung“. Mit ihrer humorvollen und direkten Art bringt sie die Dinge des Alltags anhand der Bibel auf den Punkt - lebensnah, überzeugend und echt. Joyce' Radio- und Fernsehprogramme *Enjoying Everyday Life* oder *Das Leben genießen* werden weltweit ausgestrahlt. Häufig werden die Sendungen auf den vielen Konferenzen aufgezeichnet, die Joyce jährlich abhält. Ihre Vorträge werden außerdem auch als DVDs und Audio-CDs verbreitet. Joyce und ihr Mann Dave haben vier erwachsene Kinder und leben in St. Louis, Missouri, USA.

Über Joyce Meyer Ministries (JMM)

Hilfe für Arme und Leidende

Joyce und Dave Meyers zentrales Anliegen ist es, armen und verletzen Menschen in der ganzen Welt zu helfen. Es geht darum, nicht nur zu reden, sondern auch konkret zu handeln. Darum bringt Joyce Meyer Ministries (JMM) humanitäre Hilfe in verschiedene Krisenregionen der Welt. Dies geschieht mit 15 internationalen Büros und in Zusammenarbeit mit über 35 weltweit tätigen Missionsgesellschaften.
Auf diese Weise werden über zehn Millionen Mahlzeiten pro Jahr in den Hungerregionen der Welt ausgegeben, über 45 Waisenheime in armen Ländern unterhalten, Dörfer mit sauberem Trinkwasser versorgt und Tausende von Gefängnisinsassen unterstützt. Außerdem gründet und fördert JMM Gemeinden in Ländern, wo Christen unter Verfolgung leiden, bietet medizinische Hilfe und hilft alten wie jungen Menschen in den „Ghettos“ von Großstädten, wie mit dem Dream Center in St. Louis.

TV und Radio

Die *Enjoying Everyday Life* (*Das Leben genießen*) Sendungen in Radio und Fernsehen erreichen täglich Hunderttausende weltweit. Im September 1993 wurde das Programm wöchentlich auf zwei Kanälen ausgestrahlt. Heute kann *Enjoying Everyday Life* täglich und wöchentlich auf über 400 Kanälen, darunter mehrere große Kabel- und Satelliten-Stationen, weltweit empfangen werden und außerdem auf www.joyce-meyer.de rund um die Uhr. Das Programm wird mittlerweile auch in weitere Sprachen, unter anderem Deutsch, übersetzt und kann sogar in der arabischen Welt empfangen werden. So wird das Evangelium täglich weltweit verbreitet.

Konferenzen

Konferenzen quer durch die USA (bis zu 14 im Jahr) und auch im Ausland sind nach wie vor Joyce' Leidenschaft. Die Menschen kommen in Scharen, und Joyce predigt das Wort Gottes und gibt praktische Lebenshilfe in der ihr eigenen direkten und humorvollen Art. Gleichzeitig werden diese Konferenzen für Fernsehsendungen aufgezeichnet.

www.joyce-meyer.de

Treffen Sie JMM im Internet. Infos, Videos, Kontaktmöglichkeit, weitere Bücher, DVDs und CDs bestellen und vieles mehr.

Joyce Meyers persönliches Geschenk an Sie

Als Leser dieses Buches können Sie jetzt eine kostenloses Geschenk von Joyce Meyer erhalten. Einfach diesen Gutschein-Code [BK0109] mit Ihrer Anschrift versehen und an

Joyce Meyer Ministries
Postfach 76 10 01
D-22060 Hamburg

schicken, oder ins Internet gehen unter
www.joyce-meyer.de/geschenk

Dort Adresse und Gutschein-Code eingeben, abschicken. Das Geschenk wird vierteljährlich verschickt. Wir bitten deshalb um etwas Geduld.

Weitere Bücher von Joyce Meyer

Das Schlachtfeld der Gedanken
Gewinne die Schlacht in deinem Verstand
288 Seiten, Pb, Euro 17,- [D], 17,50 [A], sFr 29,90,
ISBN 978-3-939627-00-5
Ein wahrer Bestseller. Mit diesem Buch hat Joyce Meyer Millionen geholfen, ihre Gedankenwelt in göttliche Bahnen zu lenken. Gedanken von Sorgen, Furcht und Zweifel müssen nicht mehr ihr ungehindertes Spiel mit Ihnen treiben. Fangen Sie an darüber nachzudenken, worüber Sie nachdenken, und erneuern Sie Ihr Denken mit dem Wort Gottes. Ihr Leben wird sich drastisch positiv verändern. Die Wahrheit macht frei.

Süchtig nach Anerkennung
Hör auf, allen gefallen zu wollen
304 Seiten, Pb, Euro 16,- [D], 16,50 [A], sFr 28,-,
ISBN 978-3-939627-01-2
Ist es Ihnen wichtiger, was andere über Sie denken, als was Gott über Sie denkt?
Fühlen Sie sich unsicher in Ihren Entscheidungen?
Brauchen Sie ständig Bestätigung von anderen für das, was Sie tun? Dann sind Sie höchstwahrscheinlich süchtig nach Anerkennung. Joyce Meyer zeigt einen Weg auf, sich selbst zu finden, zu akzeptieren, wer man ist und sich auf Gott zu verlassen. Die Botschaft ist, dass Gott uns alle Anerkennung gibt, die wir brauchen.

Der richtige Start in den Tag
Andachten für jeden Morgen
390 Seiten, Hardcover, Euro 15,- [D], 15,50 [A], sFr 26,50,
ISBN 978-3-939627-02-9
Ein neuer Tag – Was gibt's Neues? – Gottes Gnade ist jeden Morgen neu. Finden Sie es heraus. In kurzen, knackigen Andachten gibt Joyce Meyer einen Gedankenanstoß pro Tag mit einem passenden Bibelvers und seiner praktischen Umsetzung im Alltag. Herausfordernd, humorvoll, anregend.

Die geheime Kraft von Gottes Wort in deinem Mund
200 Seiten, Hardcover, Euro 13,50 [D], 13,90 [A], sFr 24,-,
ISBN 978-3-939627-03-6
Während ihres Lebens und Dienstes hat Joyce Meyer wiederholt die schöpferische Kraft erfahren, die im Aussprechen des Wortes Gottes liegt. In diesem Buch trägt sie die wichtigsten Verheißungen und Bekenntnisse aus der Bibel für verschiedenste Lebensumstände zusammen: Bekenntnisse für Eltern, Singles und Familien, und was die Bibel über Ärger, Sorge und gesellschaftliche Verantwortung sagt. „Gottes Wort in deinem Mund" im Alltag angewandt wird Ihr Leben verändern.

Traum statt Trauma
Tipps für lebenslanges Eheglück
368 Seiten, Pb, Euro 17,- [D], 17,50 [A], sFr 29,90,
ISBN 978-3-939627-04-3
„Unsere Ehen sollen ein Triumph und keine Tragödie sein," sagt Joyce Meyer, die selber mehr als 30 Jahre verheiratet ist. Gott bietet uns praktische Hilfe durch sein Wort, damit Ehen zu dem werden können, wozu er sie erdacht hat. Egal ob 30 Tage oder 30 Jahre verheiratet, ob noch Single, ob in einer Ehekrise oder einfach nur bemüht, die Ehe zu verbessern. In diesem Buch findet der Leser biblische Prinzipien und viele praktische Tipps zur „Traum-Ehe".

Heilung für zerbrochene Herzen
Erlebe Wiederherstellung durch die Kraft des Wortes Gottes
96 Seiten, Pb, Euro 9,80 [D], 10,- [A], sFr 17,90,
ISBN 978-3-939627-05-0
Gott hat einen wunderbaren Plan für unser Leben, aber oft fällt es uns schwer, dies zu glauben und zu erleben, weil uns Verletzungen aus der Vergangenheit plagen und uns gefangen halten. Dieses Buch gibt Antwort. Lernen Sie, wie Gott Sie sieht. Sie werden erleben, wie Seine Liebe Sie zur Ruhe bringt, Hoffnung für die Zukunft gibt und Ihr verwundetes Herz heilt.

Freu dich des Lebens auf dem Weg zum Ziel
224 Seiten, Pb,
Euro 13,80 [D], 14,20 [A], sFr 24,60
ISBN 978-3-939627-06-7
Kennen Sie das? - „Wenn dieses und jenes endlich in meinem Leben eintritt, dann werde ich mich freuen." So hat wohl jeder schon mal gedacht. Joyce Meyer zeigt den biblischen Weg, wie man zu einer beständigen Freude findet, die einen unabhängig von Umständen und (un)erfüllten Wünschen das Leben genießen lässt.

Gottes Plan für dich
Entdecke die Möglichkeiten
132 Seiten, Hardcover,
Euro 18,- [D], 18,50 [A], sFr 31,60
ISBN 978-3-939627-07-4
Viele Menschen erleben kein erfülltes Leben, weil sie sich ständig vergleichen und versuchen, jemand anderes zu sein. Ihnen ruft Joyce Meyer zu: Sei du selbst! Entwickle dein Potenzial! Mit einem Schlüssel-Gedanken pro Seite untermauert mit Wort Gottes führt dieses Buch den Leser durch Schritte wie Selbstannahme, Heilung und Vertrauen. Kurz wie ein Andachtsbuch mit tiefen Einsichten und erfrischend einfach für jeden Tag.

Schlüssel zum außergewöhnlichen Leben -
Verwandle dein Leben mit der Frucht des Geistes
256 Seiten, Pb,
Euro 13,50 [D], 13,90 [A], sFr 24,-
ISBN 978-3-939627-08-1
Gott möchte, dass Liebe, Freude und Frieden in unserem Leben wachsen, ebenso Geduld, Sanftmut und Güte, Treue, Demut und Selbstbeherrschung. Lernen Sie das Geheimnis von geistlichem Wachstum kennen. Und Sie werden sehen, wie Ihr Leben die Welt um Sie herum positiv beeinflussen wird.

Gut aussehen. Gut fühlen
12 Schlüssel für ein gesundes, erfülltes Leben
256 Seiten, Pb,
Euro 14,50 [D], 14,90 [A], sFr 25,70
ISBN 978-3-939627-09-8
New York Times Bestseller
Sie sind unendlich wertvoll für Gott! Dennoch haben viele Menschen ein niedriges Selbstwertgefühl und gehen auch entsprechend nachlässig mit ihrem Körper um. Joyce Meyers 12-Punkte-Plan führt Sie durch überraschende biblische Erkenntnisse sowie praktische Tipps für einen gesunden, entspannten Lebensstil, damit Sie sich gut fühlen und obendrein noch gut aussehen.

Jetzt mal Klartext
Gefühlskämpfe überwinden durch die Kraft des Wortes Gottes
424 Seiten, Hardcover,
Euro 19,- [D], 19,60 [A], sFr 33,20
ISBN 978-3-939627-10-4
Joyce Meyer sagt Angst, Einsamkeit und Sorgen den Kampf an. Niemand muss sich durch negative Gefühle klein kriegen lassen. In *Jetzt mal Klartext* liefert Joyce erfrischende, lebensverändernde Einsichten mit Geschichten aus ihrem persönlichen Leben, praktischen Ratschlägen, alles untermauert mit Bibelstellen.

Ein völlig neues Leben
Wie man Christus annimmt und was das bedeutet
80 Seiten, Pb,
Euro 5,- [D], 5,10 [A], sFr 9,30
ISBN 978-3-939627-13-5
Das Leben ist voller Entscheidungen. Aber es gibt eine Entscheidung, die wichtiger als alle anderen ist. Ob Sie Jesus Christus als Herrn annehmen oder nicht, ist die Entscheidung, von der alles andere im Leben abhängt, einschließlich die Frage, wo Sie die Ewigkeit verbringen werden. Dieses Buch ist ein Muss für ganz neue Christen und solche, die es werden wollen. Auch gut zum Verschenken geeignet.

Frauen, die vertrauen
Mit Mut und Zuversicht das Leben gewinnen
304 Seiten, Pb,
Euro 16,- [D], 16,50 [A], sFr 28,-
ISBN 978-3-939627-14-2
In unserer heutigen Gesellschaft wimmelt es von unsicheren Menschen. Dieses Problem wirkt sich schlecht auf Beziehungen aus und ist mit ein Grund für Scheidungen. Im Laufe Ihres Lebens hat Joyce Meyer viel über echtes Vertrauen gelernt. In diesem Buch teilt sie Ihre Erkenntnisse Frauen mit und ermutigt sie, alles zu werden, wozu Gott sie geschaffen hat. Sein Ziel ist, dass Sie kühn und mutig und voller Vertrauen sind, respektiert, bewundert, umsorgt und vor allem geliebt werden.

Das Schlachtfeld der Gedanken für Teens
176 Seiten, Pb,
Euro 8,50 [D], 8,70 [A], sFr 15,60
ISBN 978-3-939627-15-9
Mal ehrlich: Das Leben als Teenager kann ein ständiger Kampf sein. Aber der wichtigste Kampf, dem du dich stellen musst, ist nicht der auf dem Schulhof, im Internet-Chat, auf einer Party oder im Wohnzimmer deiner Familie. Der allerwichtigste Kampf um dein Heute und deine Zukunft wird in deinen Gedanken ausgetragen. Anhand von Umfragen unter Jugendlichen und biblisch fundierten Recherchen liefert Joyce Meyer dir die Munition, damit du die Schlacht hoch gewinnst.

Nur durch die Gnade Gottes
Lernen Sie zu leben – unabhängig von Kämpfen und Enttäuschungen!
200 Seiten, Pb,
Euro 13,80 [D], 14,20 [A], sFr 24,60
ISBN 978-3-939627-16-6
Viele Christen verstehen, dass sie nur aus Gnade errettet werden, versuchen dann aber, das Christsein aus eigener Anstrengung zu leben. Jetzt ist Schluss mit dem Frust. Lesen Sie in dieser deutschen Neuauflage, wie die Gnade Gottes Ihr gesamtes Leben zu Erfolg und Entspannung führen will. Entdecken Sie den Unterschied zwischen Gnade und Glauben und lernen Sie, so zu werden, wie Gott Sie sieht.

Schönheit statt Asche
Empfange Heilung für deine Gefühle
288 Seiten, Pb,
Euro 11,- [D], 11,40 [A], sFr 20,50
ISBN 978-3-939627-17-3
Viele Menschen erwecken äußerlich den Eindruck, als wäre alles in bester Ordnung. In ihrem Inneren aber sind sie ein Wrack. Ihre Vergangenheit hat sie zerbrochen, erschüttert und verletzt. Joyce Meyer, die als Kind körperlich, emotional und sexuell missbraucht wurde, berichtet in diesem Mut machenden Buch, wie Jesus ihr Leben wiederherstellte.

Wie man Gottes Reden hört
Erkennen Sie Gottes Stimme und treffen Sie die richtigen Entscheidungen
280 Seiten, Pb,
Euro 12,- [D], 12,40 [A], sFr 21,80
ISBN 978-3-939627-18-0
Gott möchte Sie bei allem, was Sie tun, leiten: ob bei schwerwiegenden Fragen des Lebens oder bei kleinen Herausforderungen des Alltags. Er will Sie auch seine Absichten für Ihr Leben wissen lassen. Lebensnah erklärt Joyce Meyer welche Wege Gott wählt, um zu Ihnen zu sprechen. Gott redet gerne mit Ihnen. Und wenn Sie zuhören, werden Sie ihn hören.

Schreiben Sie uns!

Was hat Ihnen dieses Buch konkret gebracht? Haben Sie Anregungen? Möchten Sie Joyce Meyer Ministries etwas mitteilen? Dann schreiben Sie uns.

Joyce Meyer Ministries
Postfach 76 10 01
D-22060 Hamburg